한국의 단군 사묘

단군학총서 02

한국의 단군 사묘

초판 1쇄 발행 _ 2019년 10월 3일

저자_ 윤한주

펴낸이_ 이연숙
펴낸곳_ 도서출판 덕주(德周)
출판신고_ 제2018-000137호(2018년 12월 13일)
주소_ 서울시 종로구 삼일대로 457(경운동 88) 801호
전화 02-733-1470 팩스 02-6280-7331
전자우편 duckjubooks@gmail.com
홈페이지 www.duckjubooks.co.kr

ISBN 979-11-963795-2-0 (93910)
ISBN 979-11-963795-0-6 (세트)

한국의 단군 사묘

단군학총서
02

윤한주 저

덕주

단군학총서를 엮으며

작은 글들이지만 한곳에 모이니 일단 4권의 총서 형태를 갖추었다. 국조 단군의 영정·사묘·자료·문헌이란 4주제로 분류하고, 그에 관해 국내외의 자료들을 가능한 한 전수조사를 해서 정리하였다.

우리는 단군을 알리고자 하나, 있는 그대로 객관적으로 알리고자 하였을 뿐 우리 자신이 국수주의에 흐르거나 우리가 감히 국혼(國魂)을 말하려 하지는 않았다. 모화사상과 사대주의에 찌든 민족허무주의를 극복하고 진실의 빛을 찾으려 노력했으나, 오직 있는 그대로를 기록해 두고 묻혀 있던 자료들을 발굴해서 체계적으로 펴내고자 하였다.

예를 들면 『환단고기』는 그 원자료가 1979년에 출간되었으므로 우리는 기본적으로 1979년에 출현한 사료로 보았다. 그 범례에서 계연수가 1911년 간행했다는 내용이 나오지만,

그를 증거할 다른 자료가 없으므로 1911년 간행했다고 '전(傳)'한다고 기록한다. 또 그 내용에서 고려 말 이암(1297~1364)이 지었다고 나오지만 다른 곳에서 확인되지 않으므로, 전(傳) 이암 작으로 기술한다. 만일 그 진실성이 의심스러운 점이 있다면 '의심(疑心)스럽다'고 기록해 둔다는 것이다. 부분적으로 의문점이 있다고 해서 전체를 위작(僞作)이라고 단정하지도 않거니와, 의심스런 점을 모른 척하거나 민족주의적 감정에 호소하지도 않을 뿐더러 일부를 가지고 확대 해석하지도 않았다. 단군을 찬양하는 견해도 반대하는 견해도 모두 가감없이 사실 그대로를 기록해 두었다. 앞으로 열정을 가진 애호가와 안목을 가진 전문가의 해석을 기다리며, 옥석을 가리는 비판을 바랄 따름이다.

이렇게 나름대로 원칙을 가지고 노력했지만, 여러 현실적 제약으로 부족한 점을 감출 수 없다. 일본 가고시마 옥산궁이나 도쿄의 고려신사도 가 보았고 중국 산동성의 무씨사당도 답사를 했으나, 정작 단군의 고향이라고 할 수 있는 구월산이나 묘향산 등 북한 유적을 답사하지 못한 점은 아쉬움을 금할 수 없다.

그러나 그동안 남북한이 개천절 공동 행사를 진행하는 등 단군을 중심으로 남북의 형제들이 서로 만나서 화합의 장을 보인 것은 매우 뜻깊은 일이다. 일제강점기 동안 단군이 독립운동의 상징이었다면, 앞으로 단군은 통일의 상징으로 남북의 화합을 이끄는 등대가 될 것이라 생각한다.

이 소편(小篇)들은 단군학의 완성이나 결정판이 아니고, 단군학 연구를 위한 자료 모음집으로서 공구서나 안내서일 뿐이다. 그동안 많은 선현과 선배들의 연구와 헌신의 결과물이 있었기에, 이를 토대로 작은 자료집을 꾸밀 수 있었다.

고려시대의 일연선사와 이승휴 선생을 비롯해서 조선시대의 수많은 학자와 선각자들이 세차게 밀어닥치던 사대주의의 흐름 속에서 의연히 지주(砥柱)가 되었기에 단군의 전승이 그치지 않을 수 있었다. 특히 단군 연구가 본격화한 일제강점기에는 신채호, 박은식, 최남선, 정인보, 신규식, 권덕규, 장도빈, 김교헌, 서일, 윤세복 등의 여러 선현을 비롯해서 광복 직후 김재원, 안호상 박사의 선도적 연구가 길을 열었고, 그 뒤에 이용태, 강수원, 최인, 최동, 이유립, 정명악, 강무학, 이상시, 서희건, 손경식, 송호수 선생 등 여러 학자들의 헌신과 임승국, 임균택, 박성수, 이강오, 박용숙, 정호완, 한영우, 윤내현, 김상일, 정영훈, 박창범, 서영대, 윤명철, 이형구 교수 등의 학문적 열정으로 단군학은 커다란 성과를 일굴 수 있었다. 일일이 거명할 수 없지만 이런 여러 선배들의 노력으로 이제 엄밀한 학적 체계와 고증을 통한 새로운 연구 단계에 들어설 수 있었다.

현재 학계와 사계에서 활발하게 연구를 하고 있는 여러 학자들의 이름은 이 자리에서 하나하나 거론하지는 않지만, 이 책의 내용과 참고문헌 편을 보면 그분들의 학문적 열정과 뜨거운 마음을 단박에 알 수 있을 것이다.

이런 많은 분들의 노력으로 전통시대에 호랑이 담배 피던 시절의 이야기로 치부되었던 단군이 일제강점기 희망의 등대가 되어 후손들의 슬픈 가슴을 쓰다듬어 주었고, 이제는 다시 통일의 상징으로 우리의 미래를 다시 한 번 비추고 있다. 앞으로도《단군학총서》는 더 수정 보완할 것이고, 또 새로운 주제를 발굴하고, 그동안 묻혀 있던 귀중한 자료들을 잘 다듬어 펴낼 것이다.

나름대로 정성을 들인다고 했지만, 이 소책자가 갖고 있는 여러 한계와 미비한 점들에 대해선 가차 없는 질책과 질정을 청한다. 다만 한 가지 바라는 것은, 이 소편들이 그동안 단군을 둘러싸고 갈라졌던 흑백의 진영 논리를 벗어나 통일과 화합의 상징으로서 합리적 단군관이 마련되는 작은 디딤돌이 되기를 바라는 마음뿐이다.

단기 4352년 개천절을 맞이하며
〈단군학자료원〉에서 엮은이 대표 임채우 삼가 쓰다.

프롤로그

단군을 찾아서

이 책은 전국 방방곡곡에 있는 단군 사묘를 조사하고 연구한 것입니다. 사묘(祀廟)란 영정이나 위패 등을 모신 전각을 말합니다. 단군전을 건립한 단체의 성격에 따라 영정을 봉안한 경우가 있고 위패만 모신 경우도 있습니다. 사묘의 현판 또한 단군전, 국조전, 천진궁 등 다양합니다. 중요한 것은 지역민이 주도해 단군 사묘를 건립한 경우가 많다는 점입니다. 우리 고장의 역사이자 문화재인 것이죠. 하지만 단군 사묘를 방문하면 안내판에 구체적으로 설명이 안 되어 있거나 더러 잘못된 경우가 있습니다. 우리나라의 역사 자원인 단군 사묘에 정부와 언론이 관심을 기울여야 하는 이유입니다.

대학원에서 석사 논문 주제를 단군의 '제천의례'로 정하고 연구할 때입니다. 김좌진(金佐鎭, 1889~1930) 장군과 함께 청산리 전투를 승리로 이끈 이범석(李範奭, 1900~1972) 장군이

"독립군은 이역만리에 떨어져 있어도 10월 상달이 되면 돌로 제단을 쌓아 재정의 어려움을 무릅쓰고 돼지와 소를 잡아 제천보본하고 우리나라의 독립과 민족의 영원한 번영을 빌었다"라고 회고한 글을 읽었습니다. 일제와 전쟁을 치르며 이름 없이 죽은 독립군이 한두 명은 아닐 것입니다. 그들이 어떠한 마음으로 천제를 올렸을까요? 후손들이 외국의 노예가 아니라 자유로운 국민으로 살아가기를 바랐을 것입니다.

일제는 국토만 유린한 게 아니라 우리나라의 정신마저 짓밟았습니다. 반만년 유구한 역사를 말살한 것이 대표적이죠. 단군은 전설로 왜곡하고 우리의 역사가 고조선이 아니라 삼국시대 이후 시작된 것처럼 반토막을 냅니다. 그 '후유증'은 광복 후 친일파를 청산하지 못하고 식민사학이 기득권을 차지하며 오늘에 이르고 있습니다. 이러한 점에서 일제의 역사 침탈에 맞서 단군을 연구한 백암(白巖) 박은식(朴殷植, 1859~1925), 무원(茂園) 김교헌(金教獻, 1868~1923), 단재(丹齋) 신채호(申采浩, 1880~1936), 위당(爲堂) 정인보(鄭寅普, 1893~1950) 등 국학자의 업적을 잊어서는 안 될 것입니다.

일제의 암흑에서 횃불처럼 단군을 널리 알린 공로는 언론에도 있습니다. 『동아일보』는 1932년 소설가이자 언론인 현진건(玄鎭健, 1900~1943)을 단군 유적지에 특파합니다. 묘향산 단군굴, 구월산 삼성사, 강화도 마니산 등을 답사하며 민족정기를 되살리는 「단군성적순례」를 연재합니다. 『동아일보』가 단군 영정을 공모한 최초의 언론사였다는 점은 역사

의 평가를 받을 만합니다.[1]

이후 반세기가 지나고 『경향신문』은 1987년 1월부터 9월까지 「단군기행」을 연재합니다. 한국의 대표적인 사학자 박성수(朴成壽, 1931~2016)는 매주 고조선의 흔적을 찾아냈고 단군이 신화가 아니라 실체임을 밝혀냅니다. 국내 학계에서 처음으로 남한은 물론 일본에서 거의 없어진 단군의 자취를 발굴했다는 점이 높이 평가됩니다.

그렇다면 단군 사묘 연구는 어떠할까요? 이강오(李康五, 1920~1997)가 선구자 역할을 합니다. 그는 1960년부터 1980년까지 단군 사묘의 현황을 조사한 논문을 학계에 발표합니다. 그러나 논문에서 빠졌거나 현재는 사라진 단군 사묘가 있습니다. 필자는 선행 연구를 보완하고 1990년 이후에 새로 건립한 단군 사묘도 추가로 조사했습니다. 기존의 연구에서 싣지 못했던 단군 사묘 사진도 담았습니다.

연구는 한국민족종교협의회에서 진행한 '단군 사묘·유적·유물 집성' 연구 프로젝트의 일환으로 2017년 1월부터 12월까지 수행하였습니다. 2018년 출판사와 인연을 맺고 추가로 단군 사묘를 조사하였고 내용 또한 대폭 보완하였습니다. 일부 단군 사묘에 관한 내용은 『국학신문』에 보도되었고 이를 재인용하였음을 밝힙니다.

1부는 단군 사묘의 역사를 고조선부터 현대까지 시대 순으로 살펴봅니다. 임진왜란 이후 왜군에 끌려간 조선의 도공이 현지에 단군을 모신 옥산궁을 세운 이야기는 조선시대에 포함하였습니다. 2017년 8월 연구팀이 현지를 답사하며 우리의 선조들이 400년 이상 단군의 얼을 계승한 사묘임을 확인하였습니다.

2부는 전라도부터 서울·경기도까지 전국을 4개 권역으로 나눠 총 46곳의 단군 사묘를 소개합니다.[2] 국내 유명 저자의 답사기를 보면 대한민국의 수도 서울을 출발지로 삼는 경우가 많지만 저는 전라도를 택하였습니다. 이곳에 가장 많은 단군 사묘가 세워졌기 때문이죠. 두 번째로 많은 단군 사묘를 보유한 충청도에 이어 경상도와 강원도를 거쳐 서울과 경기도를 끝으로 여정을 마치고자 합니다. 지역 내 단군 사묘의 순서는 건립 시기로 하였습니다.

답사를 마칠 때마다 쉬어 가는 코너로 '에피소드'를 실었습니다. 단군의 탄생과 죽음에 관한 팩트 체크(fact check), 사찰에서 단군을 모신 이유, 임시정부 지도자와 대통령의 개천절 인식 등을 주제로 이야기를 나누고자 합니다.

집필을 마치고 강화도 마니산 참성단에 올랐습니다. 조선의 지식인들은 참성단을 단군대라고 불렀더군요. 우리나라는 고대부터 단군 유적에서 천제를 통해 후손 된 도리를 다한 민족입니다. 저도 하늘에 제를 올리는 정성 어린 마음으로 여러분을 전국 단군 사묘에 안내하겠습니다.

단기 4352년(서기 2019년) 10월 3일

저자 윤한주

차례

단군학 총서를 엮으며 | 4

프롤로그 단군을 찾아서 | 8

1부 단군 사묘의 역사

고조선부터 고려까지 | 18

조선 왕조와 일본 옥산궁 | 24

대일항쟁기와 광복 이후 | 32

2부 전국 단군 사묘

1장 전라도

곡성 단군성전 백당 신태윤 선생의 3·1운동 활동 근거지 | 51
해남 단군전 구월산 단군 영정이 땅끝 해남으로 건너온 사연 | 59
진도 단군전 명량해전의 전승지에서 만난 단군과 왕후 | 63
화순 국조전 향토사학자가 건립한 단군 할아버지 사당 | 67
영암 수성사 단군성전 기의 고장에서 찾은 단군 | 71
광주 5·18기념공원 단성전 광주 유일의 단군 사묘, 공원에서 만나다 | 74
익산 천진전 독립운동가의 영정을 봉안하다 | 77
김제 증산법종교 태평전 모악산 오리알 터에 세운 국조 단군 | 80
순창 단성전 유림의 외침, 국조를 모르면 사대사상이 싹튼다 | 83
진안 양명마을 단군전 지극한 정성이 군민의 마음을 움직여 | 90
군산 옥구향교 단군성묘 배달민족의 주체성을 확립하자 | 93
고창 단군성전 성인의 산에 유림과 군민의 뜻이 자리잡다 | 96
무주 신불사 대천궁 민주지산에서 단군의 부모를 만나다 | 100
진안 은수사 태극전 마이산에 단군왕검이 내려오셨네 | 105
남원 단군성전 유림, 홍익인간 이념을 가르쳐야 | 109
정읍 단군성전 3대 향교가 주관하는 개천제례의 전당 | 113
에피소드 ❶ 단군은 언제 승천했는가? | 117

2장 충청도

서산 와우리 단군전 일제가 중단한 단군 제향을 복원하다 | 123
논산 개태사 창운각 후천의 운을 열려면 단군을 모셔라 | 127
부여 장정마을 천조궁 독립운동가, 강우 선생의 나라 사랑 | 132
서산 옥녀봉 단군전 서산팔경에 자리한 단군전, 개방하다 | 137
논산 대종교 청동시교당 천진전 3대 지킴이가 잇는 홍익정신 | 140
공주 단군성전 유지들이 민족정신을 선양하다 | 143
공주 태상전 단군왕검부터 대통령까지 한 자리에 | 148
금산 참나도원 대웅전 독립운동가 후손, 북한 단군 영정을 모시다 | 152
대전 서구 단묘 꿈속에서 만난 환인, 환웅, 환검 | 156
충주 묵동마을 숭령전 어래산에서 시작한 단군의 뜻 | 162
증평 단군전 향토유적 1호 단군전, 역사 공원이 되다 | 169
청원 은적산 단군성전 역사 왜곡에 맞선 김재형 선생의 단군정신 | 174
괴산 흥천사 단군전 불자들이 단군전을 짓다 | 179
영동 선교 국조전 전국에 국조전을 세우자 | 182
에피소드 ❷ 사찰에서 단군을 모신 이유는? | 184

3장 경상도 · 강원도

밀양 천진궁 국조 숭배로 민족 주체성을 높이자 | 193

함양 위성경로당 단군전 선비의 고장, 단군전 복원에 힘쓰다 | 197

하동 삼성궁 건국전 소도처럼 민족교육의 산실로 키우자 | 200

울산 천부경연구원 천부보전 스승의 평화탑을 고향에 짓다 | 206

대구 수성구 단군성전 외곽으로 단군이 밀려난 사연 | 209

칠곡 국조전 독립운동가 조용승 선생의 유산을 단민회가 잇다 | 213

청도 대종교 청도시교당 태천궁 국가를 초월하여 천상에 오르다 | 220

태백 단군성전 태백산 정기가 서린 홍익정신의 전당 | 226

동해 단군성전 해오름의 고장에서 만난 국조 | 230

에피소드 ❸ 단군 생일은 5월인가? 10월인가? | 234

4장 서울 · 경기도

대종교총본사 천궁 나철과 대종교의 역사를 찾아서 | 241

시흥 단군전 터 표석만 남은 단군전의 역사를 아십니까? | 253

천진사(천진궁) 도봉산에 앉아 등산객을 맞다 | 258

현정회 단군성전 종교와 사상을 초월하여 국조를 숭모하자 | 262

부천 향림사 단군성전 사찰 창건과 함께 단군상을 모시다 | 270

가평 단군성전 국조를 모시고 순국선열추모비도 세워 | 274

여주 목아박물관 한얼울늘집 박물관장이 조각한 천지인 정신 | 277

에피소드 ❹ 임시정부 지도자와 대통령의 개천절 인식 | 282

에필로그 | 286 시기별 단군 사묘 설립 연도와 주소 | 291 주석 | 294

참고문헌 | 318 색인 | 326

1

단군 사묘의 역사

고조선부터 고려까지

단군은 우리나라 최초의 국가인 고조선을 건국하였습니다. 단군이 살았던 당대의 문헌이 있다면 더 바랄 것이 없겠지만 비파형 동검, 청동거울, 고인돌, 미송리식 토기 등의 유물을 발굴하고 연구한 학자들에 의해 고조선의 역사가 알려지고 있습니다. 최근에는 중국 우하량 유적을 통해 요하문명을 고조선의 기반으로 보는 연구가 진행되고 있습니다.[1]

단군에 관한 가장 오래된 문헌은 일연(一然, 1206~1289)의 『삼국유사(三國遺事)』입니다. 고려의 왕을 가르친 국사이자 승려인 일연은 『고기(古記)』와 『위서(魏書)』를 인용해서 단군왕검은 환웅과 웅녀의 아들로 태어나 평양에 도읍을 정하고 고조선을 건국하였다고 설명하였습니다.

일연과 비슷한 시기에 활동한 이승휴(李承休, 1224~1300)는

『제왕운기(帝王韻紀)』에서 『본기(本記)』를 인용하며 단군의 고조선 건국을 기록하였습니다.

이들의 저서는 훗날 조선의 유학자들에 의해 계승되었습니다. 고조선의 역사를 담은 『응제시주(應製詩註)』, 『동국통감(東國通鑑)』, 『신증동국여지승람(新增東國輿地勝覽)』 등을 편찬한 것이죠.

반면, 일본 학자들은 일연이 밝힌 단군의 역사가 후대에 날조된 것이라고 주장합니다.[2] 대표적으로 역사학자 하야시 다이스케(林泰輔, 1858~1922)는 1892년에 펴낸 『조선사』에서 "그 이야기는 황당하기에 그대로 믿을 수 없다"라고 말합니다. 그의 책은 훗날 조선총독부가 주관하여 조선사편수회에서 펴낸 『조선사』(1938년)에 많은 영향을 끼쳤습니다.[3] 그러나 위 저서가 비록 전승 과정에서 약간의 수정이 있다고 하더라도 기본 골격은 고조선 때 형성되었다고 보는 것이 옳습니다.[4] 일연과 이승휴가 활동하던 시대보다 수천 년 전의 일입니다. 그들이 인용한 단군 역사서 또한 『고기』와 『본기』 등 다양했다는 점입니다. 이는 단군이 고조선을 건국한 이야기는 공통적이지만 그 외는 약간씩 다를 수 있다는 뜻이죠.

특히 강화도 마니산 참성단, 묘향산 단군굴, 강동 대박산 단군릉, 구월산 어천대, 태백산 천제단 등 단군 관련 유적에는 단군이 제단을 만들었거나 하늘에 제사를 지낸 이야기가 전하고 있습니다. 이러한 제천의례는 국조 숭배와 결합하는 것이 특징입니다. 고조선 이후 예와 맥의 '무천', 부여의 '영고', 고구려의 '동맹', 백제의 '교천', 신라의 '신궁제사'와 '팔관회' 등이 고대 한민족의 제천의례를 전승한 것으로 볼 수 있습니다. 이러한 제례는 이후 '사묘'라는 일정한 형식을 갖추게 되죠.

중국의 역사서 『구당서』, 『신당서』에는 고구려에서 기자신(箕子神)과 함께 가한신(可汗神)을 모셨다는 기록이 있습니다. 가한신은 과거 평양 지역을 다스렸던 지도자로 추측할 수 있으므로 단군일 가능성이 높습니다.[5] 왜냐하면 고려 학자 김부식(金富軾, 1075~1151)은 평양을 "선인왕검의 집(仙人王儉之宅)"이라고 하였고[6] 「조연수묘지명(趙延壽 墓誌銘)」에는 "평양의 조상은 선인왕검(平壤之先 仙人王儉)"이라고 하였기 때문입니다.[7] 일연보다 앞서 살았던 김부식이 밝힌 왕검은 단군임을 알 수 있습니다.

고구려 이후 단군을 모신 팔성당과 삼성사를 살펴보겠습니다. 팔성당은 고려 승려 묘청(妙淸, ?~1135)이 건립한 것입니다. 그는 김부식에 맞서 서경 천도를 주장한 것으로 유명하죠.[8] 팔성당은 1131년(인종 9) 묘청이 평양에 대화궁(大華宮)을 짓고 그 안에 여덟 신, 즉 팔성(八聖)을 모시기 위해 세운 사당을 말합니다. 묘청은 팔성을 통해 고려의 중흥을 기도한 인물입니다.

그런데 묘청이 팔성당을 건립한 임원역(林原驛)은 평양과 근접한 대동군 임원면 일대입니다. 이곳에는 대성산(大城山)

이 있습니다. 대성산은 대성산(大聖山)으로도 불렸고 정상에는 태백산 단목(檀木) 아래에 내려온 단군이 성을 세우고 거처하였는데 그 성의 이름이 단군성(檀君城)이었다는 것이죠.[9] 또, 여덟 신 중에 네 번째가 '구려평양선인(駒麗平壤仙人)'이라는 점입니다. 앞서 선인은 단군을 뜻한다고 본다면 평양에 전승된 이야기와 함께 이는 단군일 가능성이 높습니다.

이어 황해도 신천군 구월산에는 예로부터 환인(桓因), 환웅(桓雄), 단군을 모신 사당인 삼성사(三聖祠)가 있습니다. 본래 삼성당으로 불리다가 1472년(성종 3) 삼성사로 고쳐 부른 것이죠. 이승휴는 『제왕운기』에서 단군이 아사달산에 들어가 신(神)이 되었다는 구절에 관해 "지금의 구월산. 딴 이름은 궁홀(弓忽) 또는 삼위(三危). 사당이 아직도 남아 있다"라고 밝혔습니다.

사당의 구체적인 모습은 유관(柳觀, 1346~1433)의 상소에 나옵니다.

> 산의 이름의 '궐' 자를 느린 소리로 발음하여 구월산(九月山)이라고 했다고 합니다. 이 산의 동쪽 재[嶺]는 높고 크고 길어서 일식 정도 가야 안악군(安岳郡)에 이르러 끝납니다. 재의 중허리에 신당(神堂)이 있는데 어느 시대에 처음 세웠는지 알지 못합니다. 북쪽 벽에는 단웅 천왕(檀雄天王), 동쪽 벽에는 단인 천왕(檀因天王), 서쪽 벽에는 단군 천왕(檀君天王)이 있는데 문화현 사람들은 삼성당(三聖堂)이라고 항상 부르며, 그 산 아래에 있는 동

리 또한 성당리(聖堂里)라고 일컫습니다.[10]

단인과 단웅은 환인과 환웅을 말합니다. 단(檀)과 환(桓)은 본래 '박달'과 '밝다'로 상관성을 지니고 있기 때문입니다. 사당의 건립 연대는 알 수 없다고 하였지만 이를 연구한 학자에 따라서 고려 이전인 신라 말이라고 보기도 합니다.[11]

유관의 상소는 조선 태종 때 삼성당을 폐하여 평양의 단군묘에 함께 모시니 황해도 안에 나쁜 병이 퍼져서 오래도록 그치지 않은 것에서 비롯됩니다. 삼성당을 폐지하지 말아 달라는 상소였던 것이죠. 이후 조선의 역대 왕들은 삼성사를 수리하고 제사를 지내도록 하였습니다. 훗날 일제의 탄압에 맞서 독립운동가 나철(羅喆, 1863~1916)이 마지막으로 제천의례를 올리고 유서를 남긴 뒤 순명 조천한 곳이기도 합니다. 일제는 민심의 동요를 막기 위하여 삼성사를 헐어 버립니다.

현재 북한에는 삼성사가 복원되어 있습니다. 복원된 삼성사의 총 건평은 165.2㎡이며, 기본 건물인 삼성전을 축으로 하여 좌우측에 영빈당과 양현당, 그 아래에 마주 서 있는 전사청과 숙사, 배집지붕 형식의 대문으로 이루어져 있습니다.[12] 여기에는 환인·환웅·단군 세 영정이 모셔져 있습니다.

고조선 이래 역대 국가에서 제천의례를 봉행하고 단군사당을 건립한 것은 역사관에서 비롯됩니다. 이승휴가 『제왕운기』에서 "시라(尸羅, 신라)·고례(高禮, 고구려)·남북옥저·동북부여·예·맥이 모두 단군의 후손이었다"라고 강조한 이유와 같습니다.

조선 왕조와 일본 옥산궁

조선 왕조는 명나라를 천자국으로 모신 제후국으로 알려져 있습니다. 천자만이 지낼 수 있는 천제를 지낼 수 없었던 것이죠. 단군 또한 숭상은 하였지만 중국에서 건너온 기자(箕子)보다 뒤로 밀립니다. 이는 유학자의 사대주의에 따른 것입니다. 그럼에도 역대 왕들은 단군의 사당인 평양 숭령전(崇靈殿)을 비롯하여 구월산 삼성사, 강화도 마니산 참성단 등에 제사를 지내며 민족의 정통성을 지켜 왔습니다. 평양 숭령전은 단군과 기자에 대한 제사 논란에서 비롯됐습니다. 1425년 정척(鄭陟, 1390~1475)은 단군이 기자묘에 배향된 데 문제를 제기합니다. 단군사당을 별도로 세우고 신위를 남향으로 해서 제사를 받들어야 한다는 것이 그의 주장입니다. 단군이 기자보다 시기적으로 1230년이나 앞섰고 신위는 방의 중앙에서 남쪽으로 한다고 되어 있는데 단군과 기자를 합

평양 숭령전
(출처_국립중앙박물관)

사하는 건 문제라는 것이죠. 기자는 매달 초하루와 보름마다 제물을 올리는데 단군에게는 봄가을에만 제사를 지내고 있고, 기자를 위한 제전(祭田)이 있는데 단군을 위한 제전이 없다는 건 있을 수 없는 일이라는 점 등을 이유로 제기합니다.[13]

논의 끝에 세종은 1429년 기자를 제사 지내던 숭인전(崇仁殿) 옆에 정전과 행랑을 세워 '단군사 동명왕사'라고 부르면서 단군과 고구려의 시조 동명왕을 함께 제사 지내도록 합니다. 이때부터 단군에 대한 치제(致祭)가 사전(祀典)에 포함됩니다.

단군에게 제례를 올린 임금은 세조가 조선 왕조에서 유일합니다. 그는 1456년 7월 단군 신주를 '조선 시조'가 아니라 '조선시조단군(朝鮮始祖檀君)'이라고 고칩니다. 단군이 국조임을 공인한 것이죠. 이어 단군 제사를 위해 1460년 10월 4일 한양을 떠납니다. 파주와 개성을 거쳐 15일 평양에 도착한 세조는 이틀 뒤인 10월 17일 단군사당에서 친히 제사를 거행합니다.[14] 숙종은 1679년에 신하를 보내 제사 지내고 1697년에는 단군묘시(檀君廟詩)를 지어 바쳤습니다. 영조는 1729년에 숭령전으로 이름을 바꿨고 참봉 두 사람을 보내 관리하였으며 승지를 보내 제사하도록 하였습니다. 고종은 1868년에 평안도 관찰사를 보내 제사 지내게 하였고 축문을 올렸습니다.[15] 현재 숭령전은 북한의 평양직할시 중구역 종로동에 있으며 북한의 국보 문화유물 제6호로 지정되어 있습니다.

흥미로운 것은 평양 강동현에 있는 큰 무덤인 단군묘(檀君墓)가 문헌에 등장합니다. 『신증동국여지승람』에서는 "대총(大塚) 중 (…) 하나는 현의 서쪽으로 3리에 있으며 둘레 4백 10척으로 속담에 단군묘라 전한다"라고 밝혔습니다. 숙종과 영조, 정조 때에 단군묘를 수차례 수리하였다는 기록이 있는 것을 보면 단군이 실제 묻혔다고 확신할 수는 없더라도 조정의 관심이 높았던 것을 알 수 있습니다. 강동현에는 단군릉이 있는 마을 이름이 단군동(檀君洞)이고 능에서 멀지 않은 곳에 있는 호수를 단군호(檀君湖)라고 불렀다는 점에서도 이 지역 일대에 단군에 관한 전승이 많았다는 것을 알 수 있습니다.

또 하나는 외국에 세운 단군 사묘입니다. 그 주역은 왜군에 끌려간 조선의 도공(陶工)들이었죠. 1592년 임진왜란에 이어 1597년 정유재란이 발발합니다. 정유재란은 도요토미 히데요시의 죽음으로 전세가 기울었지만 조선 남부에서는 왜군의 저항으로 격전이 계속됐습니다. 마침내 1598년 11월 18일 이순신 장군이 참가한 노량해전을 마지막으로 7년의 전쟁은 끝납니다. 도공들이 왜군에 납치된 것은 이즈음입니다.

일본으로 끌려간 도공들은 처음엔 벌판에 그대로 방치됐습니다. 이들은 농사를 짓고 도자기를 구워 생활하였습니다. 6년 후 사쓰마 번의 영주는 이들에게 나에시로가와(苗代川)로 옮기게 하여 24채의 집을 지어 살게 하였습니다. 도공들은 어려운 환경에서도 조국을 잊지 않았던 것 같습니다. 옷차림과 생활풍속을 그대로 유지했기 때문입니다.[16] 특히 국조 단군을 모신 옥산궁[玉山宮, 혹은 옥산묘(玉山廟)]을 건립한 조선인들은 옥산궁에서 매년 제사를 지냈습니다. 조선의 춤을 추고 노래를 불렀으며 떡과 과일을 서로 나누어 먹고 이웃에 음식을 싸서 보내는 등 고향의 예절을 잊지 않았습니다. 옥산궁은 적지에 세운 사당이었지만 고난을 극복할 수 있는 유일한 정신적 의지처였습니다.

필자는 2017년 8월 현지를 답사하였습니다. 옥산신사(玉山神社)는 일본 규슈 가고시마현의 미야마(美山) 지역 서북부 구릉에 있습니다. 원래는 조선 도공들이 옥산궁이란 이름으로 신사를 건립했으나, 20세기 초에 개칭한 것이죠. 신사 남쪽에는 이 지역에 거주하던 조선인 묘지가 넓게 자리하고 있습니다. 옥산궁은 전형적인 일본의 신사 건물이었습니다. 안으로 들어가면 옥산궁의 내력을 간직하고 있는 바위가 있습니다. 사방 4m, 높이 3.5m의 암석입니다. 바위에 얽힌 사연은 이렇습니다.

1673년 정월 어느 날 밤이었지요. 하늘에서 큰 불덩어리가 날아와 옥산 꼭대기에 떨어졌습니다. 놀란 마을 사람들이 달려가 봤더니 사람 키보다 훨씬 큰 4m가 넘는 바위가 떨어져 있었던 것입니다. 마을의 점쟁이에게 물어보니 이 바위는 멀리 고국에서 날아온 단군바위, 즉 신암(神岩)이라고 설명했고 마을 사람들은 이 변고의 의미를 '고국을 잊지 말라'는 경고로 받아들였습니다. 그래서 이 단군바위에 신전을 짓고 해마다 완공일인 8월 15일에 큰 축제를 벌여 화합과 번영을 다짐하였답니다.[17]

문헌으로는 1867년 10월에 박복겸에 의해 기록된 자료인 『옥산궁 유래기(玉山宮由來記)』가 있는데요. "옥산궁은 조선을 개국한 국조 단군의 사당이다. 평양 옥산의 신주를 모시고, 큰 신사를 세웠는데 지극히 아름다웠다"라고 밝히고 있습니다. 유래기는 신사 인근에 있는 조선 도공의 후예인 심수관가(沈壽官家)의 심수관전세품박물관에 보관되어 있습니다. 1843년 사쓰마 번에서 편찬한 『삼국명승도회(三國名勝圖會)』에는 "1605년 무렵 조선국의 종묘신(宗廟神)을 맞이했다고 전해진다. 단군을 제사하고 있는 것으로 생각된다"라고 기록하였습니다.

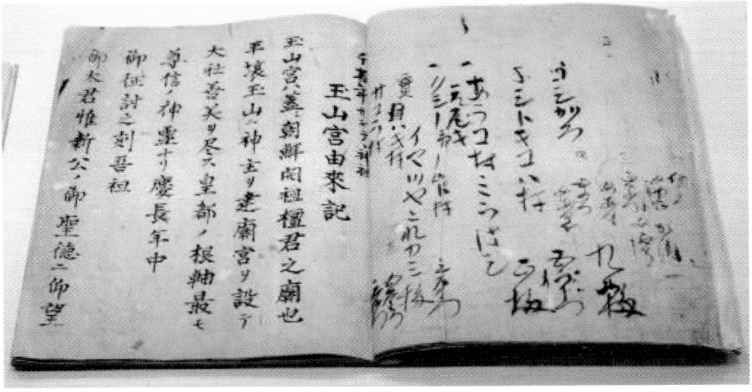
玉山宮由來記

玉山宮ハ朝鮮開祖檀君之廟也
平壌玉山ノ神ヲ主リ建廟宮ヲ設テ
大社吾先ヲ尽ス皇都ノ根軸最モ
尊信ノ神霊ナリ慶長年中
御征討之剋吾祖
御太君惟新公ノ御聖徳ニ仰望

일본 옥산신사
옥산신사 현판
옥산궁 유래기

옥산궁의 제향을 주관하고 있는 현재의 궁사(宮士) 키모즈키(肝付兼光)에 따르면 바위 신체는 10월 16일 제사 때에만 공개하며 그 외는 어떠한 일이 있어도 문을 열지 않고 있습니다. 사진 촬영 또한 절대로 금하고 있죠. 궁사는 선대부터 조선의 도공들이 조선을 향하는 방향으로 신사를 짓고 단군의 이름으로 제사를 해 왔다고 말했습니다. 현재 옥산궁은 나에시로가와 지역의 사사(寺社) 가운데에 가장 존중되어 성대하게 제사를 지내고 있다고 합니다. 또, 인근에 세 곳의 분소를 설치해서 제향을 드리고 있습니다.[18]

한편, 조선 후기에는 허목(許穆, 1595~1682)의 『동사(東史)』를 시작으로 북애(北崖)의 『규원사화(揆園史話)』,[19] 홍만종(洪萬宗, 1643~1725)의 『해동이적(海東異蹟)』, 이의백(李宜白, 1711~?)의 『오계일지집(梧溪日誌集)』, 이종휘(李種徽, 1731~1797)의 『수산집(修山集)』 등 단군을 기록한 문헌이 다수 등장합니다. 임진왜란과 병자호란을 겪은 뒤 조선 유학자 중에는 기존 성리학 계열의 반도 중심 역사관에서 벗어난 사람들이 생겨난 것이죠.

허목은 환웅을 '신시씨'로 기술하며 한국의 상고사가 신시 → 단군 → 부여로 이어졌다고 주장합니다. 홍만종은 한국사의 출발점으로 기자조선보다 단군조선을 앞에 둡니다. 이종휘는 「신사지」라는 항목에 고대의 종교로 신교(神敎)를 설명하고 환인, 환웅, 단군, 동명왕, 박혁거세 등을 신교의 전수자로 밝혔습니다. 이의백은 「단군내력실기」에서 단군이 아니라 단제(檀帝)라고 호칭하며 비서갑(匪西岬)을 왕비로 삼고 세 아들[부소(扶蘇), 부루우(扶婁虞), 부여(扶餘)]을 낳아 93년간 재위하였다고 설명합니다.

북애는 더 구체적입니다. 단군을 단국(檀國)의 군주로 표기하고 개국 이후 1대 환검 신인부터 47대 고열가 단군까지 1195년 동안 조선을 통치한 역사를 전하고 있습니다. 주목할 점은 그가 발해, 고려, 요와 금에 있었던 단군 사묘를 언급한 것입니다.

> 발해 때는 보본단(報本壇)이 있었다. 고려 때는 성제사(聖帝祠)가 있었고 요나라에서는 목엽산(木葉山)에 삼신묘(三神廟)가 있었으며, 금나라에서는 개천홍성제(開天弘聖帝)의 사당을 두었다.[20]

고려 이전인 발해에 단군 사묘가 있었을 뿐 아니라 외국인 요나라와 금나라에도 단군을 모신 사당이 있었다는 사실을 들어 북애는 단군 문화가 조선을 넘어 동북아시아로 광범위하게 전승됐음을 강조하고 있습니다.

이 밖에 조선시대는 거의 모든 마을마다 성황단(城隍壇)이 존재하였습니다. 선왕당(仙王壇), 산왕단(山王壇), 산당(山堂) 등으로 불렸는데, 예로부터 단군을 제사하던 제단으로 보고 있습니다.[21]

✻

대일항쟁기[22]와 광복 후

조선 말 대내외적으로 심각한 위기에 처합니다. 안으로는 봉건적 질서가 해체되고 동학을 시작으로 농민 운동이 일어납니다. 또한 밖으로는 제국주의 열강이 조선을 침략하기 시작합니다. 이러한 위기를 극복하기 위해 고종은 1897년 10월 2일 환구단(圜丘壇)을 세우고 국호를 '조선국'에서 '대한제국'으로 바꿔 스스로 황제에 즉위합니다. 환구단은 황제가 하늘에 제사를 드리는 제단이었죠. 외국 열강에 간섭을 받지 않고 자주 독립국임을 알리고 싶었던 것입니다. 그러나 고종 황제의 소망과 달리 대한제국은 1910년 일본에 강제 병합됐고, 1913년 일제에 의해 환구단이 헐리고 그 자리에 총독의 철도호텔(현 조선호텔)이 들어서는 비운을 맞습니다.

1910년 8월 29일은 우리나라 역사상 처음으로 국권을 상실한 치욕의 날이지요. 경술국치라고 부릅니다. 그 시작은 1905년 일본이 한국의 외교권을 박탈하기 위해 강제로 체결

한 을사늑약에서 비롯됩니다. 대한제국이 멸망한 데에는 일제의 침략도 있었지만 당시 군주와 대신들에게도 원인이 있었습니다. '을사늑약'의 제5조는 "일본은 대한제국 황실의 안녕과 존엄의 유지를 보증한다"라는 내용입니다. 이는 대한제국 쪽에서 요구하여 들어간 내용입니다. 국가의 주권을 빼앗겨도 황실만 안녕하고 존엄을 유지하면 된다는 생각이었던 것입니다.[23]

이러한 군주와 대신들의 모습과 달리 국민들은 의병과 독립운동으로 조국을 되찾고자 일어납니다. 그 정신적 구심으로 '단군'이 등장합니다. 고려 말 몽골의 침략에 맞서 중국과 대등한 한민족의 시원을 담은 단군을 기록한 사서가 나왔듯이 일제의 침략에 맞서 국조 단군이 국민의 가슴에 횃불처럼 일어납니다.

1905년에 단군의 고조선 개국연도를 기점으로 계산하는 단군기원(檀君紀元)이 언론을 중심으로 사용되기 시작합니다. 단군의 자손이라는 인식도 확대됩니다. 1905년 5월 11일 자 『대한매일신보』 기사에서 한국사의 시원을 단군 이래 4천 년으로 표현하고 있습니다. '시조 단군(始祖檀君)', '신성(神聖)ᄒᆞ신 단군지자손(檀君之子孫)' 등의 표현으로 단군과 한국사의 유구함을 강조하고 있습니다.[24] 또한 중국의 문명을 조선에 가져다줘서 성인이라고 칭송하던 기자의 위상은 떨어지고 개국시조 단군의 위상이 높아지죠.

그리고 단군의 역사와 문화를 연구한 책들이 연이어 출간

됩니다. 박은식의 『대동고대사론』, 김교헌의 『신단실기』와 『신단민사』, 신채호의 『조선상고사』와 『조선상고문화사』, 최남선(崔南善, 1890~1957)의 『단군론』, 정인보의 『조선사연구』, 안확(安廓, 1886~1946)의 『조선문명사』, 안재홍(安在鴻, 1891~1965)의 『조선상고사감』 등이 대표적입니다. 이러한 단군운동의 확산을 학계에서는 '단군민족주의'라고 부릅니다.[25]

단군 사묘의 건립 또한 단군운동의 일환으로 볼 수 있습니다. 시작은 19세기 평안도 지역에서 활동한 김염백(金廉伯, 1828~1896)과 백두산에서 수도한 백봉(白峯)입니다. 먼저 김염백을 살펴보면 본관이 김해로 본명은 상겸(尙秉), 자는 국보(國甫)이며, 염백은 그의 호를 말합니다. 5~6세에 공부를 시작하여 총명함이 뛰어났고 소년 시절에 이미 유교 경전은 물론 제자백가·육도삼략과 같은 병서에도 능통했다고 합니다. 26세 되던 1852년(철종 3)에 김염백은 권력을 통한 명리 추구를 포기하고 백성의 복리와 재액 구제를 위해 묘향산으로 수도를 떠납니다. 단군이 수도하던 묘향산 중천굴에서 3년 동안 지성으로 기도한 끝에 천서(天書)와 단군의 계시를 받은 뒤 각지를 순회하며 설교하고 단군제사법을 보급하고 신교(神敎)를 창립합니다. 수천 명의 교인을 확보하며 서북지방으로 교세를 확장했던 인물이었습니다.[26]

김염백은 여행 중에도 단군에 대한 제사를 잊지 않았으며, 그 결과 관서와 관북에서 단군을 받드는 집이 많았습니다.[27] 하지만 1894년 동학농민운동이 발발하자 승려들의 간계로 동학의 우두머리로 오인받아 총살되고 맙니다. 훗날 정훈모(鄭薰謨, 1868~1943)의 단군교단으로부터 단군교의 선각자로 인정됩니다.[28] 그가 단군 제사를 보급했다는 점에서 교인들과 제례를 봉행하는 단군 사묘를 세웠을 것으로 추정할 수 있습니다. 후대의 일이지만 현진건이 1932년에 묘향산을 방문했을 때 단군굴에 환인, 단군, 환인의 순으로 세 분의 위패가 모셔져 있다고 밝혔습니다. 단군굴은 평안북도 묘향산 향로봉 중턱에 있는 너비 16m, 길이 12m, 높이 4m에 달하는 거대한 동굴입니다. 현재 북한의 단군굴 안에는 정면 3칸, 측면 1칸의 막걸이식 건물로 된 단군사당이 건립되어 있습니다.

김염백에 이어 대종교 창시자 백봉을 소개하기에 앞서 정정할 것이 있습니다. 신문과 책에서 대종교는 전라남도 보성 출신 나철이 교주이고 20세기에 창시된 종교로 잘못 알려진 경우가 많은데, 이는 사실이 아닙니다.[29] 대종교 문헌에 따르면 고조선 신교부터 부여 대천교, 고구려 경천교, 신라 숭천교, 백제 수두, 발해 진종교, 고려 왕검교까지 계승됐습니다. 이후 700년 만에 끊어진 교맥을 다시 이은 것은 19세기 후반 백두산에서 오랫동안 수도한 백봉입니다. 훗날 나철이 서거하자 김교헌은 1916년 8월 21일 나철의 조천소 앞에 세운 표목에 "대종교 제2세 대종사 홍암 나 선생 화신지지(大倧教第二世大宗師弘巖羅先生化神之地)"라 썼습니다. 백봉에 이어 제2세 대종사로 본 것이죠.[30]

백봉은 생몰년이나 출신지를 확인할 수 없습니다. 나철 또한 백봉을 직접 만난 적이 없죠. 이러한 점에서 일부 학자는 백봉을 가상의 인물이라고 주장하기도 합니다.[31] 하지만 1903년경 백봉이 펴낸 경전 성격의 유일본 문헌인 『대종교신원경(大倧教神圓經)』이 발굴되자 그 전모가 드러났습니다.[32]

이 책에 따르면 백봉은 수기치인(修己治人)의 성리학적 토대 위에서 실천궁행을 강조하였습니다. 유교·불교·도교의 삼교 합일 사상을 가지고 있던 인물이죠. 백봉은 10년을 수도한 끝에 백두산 옛 제단 터에서 『삼일신고(三一神誥)』[33]를 발굴하였습니다. 이어 1904년 10월 3일 대숭전 고경각에서 『단군교포명서』를 반포합니다. 백봉의 대숭전은 백두산에서 단군을 모신 사당이라고 추정할 수 있습니다.

반포 행사에 참석한 13명 외에도 20명이 더 있어서 국내, 만주, 몽고, 일본 등지에 파견하여 포교와 사적 조사를 분담하였습니다. 이 과정에서 백봉 사람들에 의해 나철이 단군교에 입교합니다. 나철은 오기호(吳基鎬, 1865~1916), 정훈모 등 10여 명과 함께 1909년 음력 1월 15일(양력 2월 5일) 자시에 한성 북부 재동 초가에서 단군대황조 신위를 봉안하고 제천의례를 올립니다. 이곳이 서울의 첫 번째 단군 사묘라고 할 수 있을 것입니다. 이어 지방에서 단군전이 건립됩니다.

경상북도 김천 출신 이진탁(李鎭澤, 1859~1930)이 1913년 충청남도 논산군 두마면(옛 계룡산 신도안) 작산마을에 단군전을 세운 것은 지역 단군전 건립의 효시였습니다.[34] 이진탁은 41세 때 백두산에 입산수도하여 단군의 영계를 받은 인물입

작산 단군전
(계룡 시청 제공)

니다. 그는 45세까지 구월산, 지리산, 계룡산에서 기도 수련을 하고 46세 때에 계룡산 밑 신도안에 이사하여 독자적인 단군 신앙을 하다가 1909년 서울에서 단군교가 창립되자 1913년 동지 박내인의 협력을 얻어 자택에 단군전을 세워 단군 성상을 봉안한 것입니다.[35] 일제는 민족의식 유포 혐의로 이진탁을 3개월 동안 투옥하기도 하였습니다. 광복 후 지역 주민들은 단군영모계를 설립하여 어천절과 개천절에 제향을 올렸지만 새마을 운동의 일환으로 1976년 이곳에 저수지가 조성되면서 단군전은 철거됩니다.

이어 서산 와우리 단군전이 1913년에 건립됐고, 독립운동가 신태윤(申泰允, 1884~1961)은 1914년 곡성에 초가로 단군전을 짓고 민족운동의 산실로 삼습니다. 1923년 이종철(李鍾

轍, 1879~1938)은 해남군 화사면 금풍리에 삼성사를 세우죠. 1932년에는 안순환(安淳煥, 1871~1942)이 정훈모와 손잡고 시흥군 녹동에 단군전을 건립합니다. 하지만 일제의 탄압이 거세지자 단군전 사람들은 밤에 몰래 제사를 지내거나 문중 제사로 바꾸는 등 고통을 겪습니다. 시흥 단군전은 일제의 1936년 7월 '유사종교금지령'에 따라 철폐되었다가 광복 후인 1948년 2월에 옛 모습으로 중수하게 됩니다. 매년 봄가을에 단군 제사를 지냈다고 합니다. 그러나 1981년 다시 헐리고 그 자리에는 연립주택(단군빌라)이 들어섭니다. 현재는 단군전 터 표석만 남아 있습니다.

본격적인 단군 사묘 건립 운동은 광복 이후입니다. 일제의 신사를 허물고 그 자리에 단군전을 세우는 등 민족정기를 회복하기 위한 운동으로 단군전 건립이 전국으로 확산한 것이죠. 1946년 밀양에서 천진궁이 세워지고 1947년에는 충주에서 원용선(元容璿, 1899~1968)이 어래산에 제천단을 세우고 단군전과 조선개국단군성모비를 건립합니다. 1948년에는 김기석(金箕錫, 1897~1978)이 사재를 털어 증평 단군전을 건립하죠. 1951년에는 독립운동가 이시영(李始榮, 1869~1953)의 단군 영정을 봉안한 익산 천진전을 건립하였고, 경북 칠곡에서는 독립운동가 조용승(曺瑢承, 1891~1966)이 1957년에 단민회(檀民會)를 조직하고 단군전을 세웁니다.

1960년대 이후로는 민관이 협력해서 단군전을 세우려고 합니다. 쌍용그룹 창업주이자 정치인인 김성곤(金成坤, 1913~

1975)의 부인 김미희(金美熙, 1920~1981)는 뜻을 같이한 사람들과 '단군의 집 건립추진위원회'를 조직하죠.[36] 먼저 남산에 단군 동상을 세우려고 문종화 홍익대 교수에게 의뢰해 디자인을 만든 후 박정희(朴正熙, 1917~1979) 대통령에게 보고합니다.[37] 박 대통령은 취임 후 3년째인 1966년에 단군 동상을 서울 남산 팔각정 근처에 세우라고 지시합니다. 건립 비용 1억 원은 정부 보조와 국민 성금, 그리고 근로 봉사로 마련할 계획이었죠.[38]

하지만 정부의 단군 동상 건립 계획은 기독교단의 반대에 부딪히고 맙니다. 2월 7일 경상북도 내 기독교 대표 40여 명은 대구 남성로 제일교회에 모여 단군상 건립 반대를 결의하고 정부가 계획을 철회하지 않으면 국내 8천 교회 150만 기독교 신도들은 순교를 각오로 투쟁하겠다고 선언할 정도였습니다.[39] 결국 정부의 단군 동상 건립 계획은 한 달도 안 돼서 없었던 일이 되고 말았습니다. 이 사업에 참여한 김미희는

> 일부 종교인은 민족의 시조인 단군 할아버지를 신화로 부정만 하니 이대로 간다면 후세 자손들은 조상도 국조도 모르지 않겠습니까? 그렇게 되면 애국심이 희박해지게 될 게 뻔합니다. 걱정입니다. 38선이 가로막혀 있는 이 시점에 대립 사상을 초월한 홍익인간 이념만이 남북통일의 대과업을 성취할 수 있지 않겠습니까?

라며 대통령에게 진정서를 보냈고 단군 동상을 우상화라고 걱정한다면 단군전만이라도 삼청공원에 건립하게 해 달라고 건의합니다. 이후 정부는 민간단체 주도로 사업을 이끌도록 합니다.

안호상(安浩相, 1902~1999) 또한 이 일을 거국적인 민족운동으로서 단군전 및 기념관 등을 세우자는 데 합의합니다. 1967년 11월 29일 서울시민회관에서 열린 발기인회의에서 당시 국민운동재건본부 의장인 김팔봉을 회장으로 하여 '단기사천삼백년기념사업협회'를 창립합니다. 사업회는 "단군이 이 땅에 개국한 지도 이제 사천삼백 년을 맞이하게 된다"며 "단군사천삼백년기념사업회를 만들어 일대 민족 부흥 운동을 전개하기로 했다"고 밝혔습니다.[40] 단군전을 '민족관'이라는 이름으로 정하고 삼청공원에 부지까지 마련합니다.

당시 안호상은 "민족관 건립은 박 대통령의 후원 아래 계획이 수립되었다. 나는 그 일로 박 대통령을 두 번씩이나 만났다. 박 대통령은 삼청공원을 배달공원으로 이름을 고쳐 부르고 공원 안 1만 평의 땅에 민족관을 크게 지으라고 지시했다"라고 회고했습니다.[41] 1967년 10월 3일 개천절에는 민족관 기념식이 성대히 열렸고 당시 주요 언론에도 보도됐습니다.[42]

민족관은 1969년 3월 1일에 착공해서 5년 후에 완성한다는 계획이었죠. 계획을 좀 더 자세히 살펴보면, 대통령 지시로 종합 민족 역사박물관의 형태로 하고 서울 삼청공원 입구 1만 평의 부지 위에 세워지는데, 그 일대는 성지로 추모됩니

민족관 조감도
(원영진 우리문화선양회 회장 제공)

다. 기념관의 한복판에는 단군왕검의 거대한 동상(높이 17m)이 세워집니다. 태고실, 3국시대실, 고려이조실, 현대실 등 시대별 기념관이 설치됩니다. 민족관의 전면은 3만 명이 이용할 수 있는 대광장(2500평)으로 대통령 취임식을 비롯한 3대 국경일(3·1절, 광복절, 개천절)의 기념행사를 거행합니다. 소요 자금 10억 원은 국고 보조금 2억5000만 원을 비롯해서 국외 교포 모금, 경제단체 모금, 국민 모금 등으로 충당할 예정이었습니다.[43]

그러나 이 사업은 국회의 비준을 얻지 못하고 무산됩니다.[44] 이로써 국립 단군 사묘가 지금까지 한 곳도 없는 역사가 된 것이죠.

광주에서는 남종화의 대가 의재(毅齋) 허백련(許百鍊, 1891~1977)이 지역 유지들과 손을 잡고 무등산에 남아 있는 천제단에 단군신전을 세우자고 결의합니다. 1969년 신전 건립을 위해 39점의 역작을 헌납했고 뜻 있는 사람들의 기금 700만 원도 모였습니다. 그해 10월 3일 개천절에는 1만 평 부지에 기공식을 했습니다. 당시 허련 전남도지사 재임 기간에 무등산 단군신전 건립 사업은 범 도민 차원에서 진행하였습니다. 그러나 신전 건립을 두고 기독교인들이 우상 숭배라고 들고 일어난 것입니다. 신도 1000여 명이 참석한 가운데 건립 반대 신도대회를 벌이기도 했습니다. 정규오 목사(단군신전건립반대위원장)은 "조작된 신화의 인물인 단군의 신전 건립은 조국 근대화에 역행하는 처사며 국고 보조란 도저히 있을 수 없는 일"이라고 반발하였습니다.

반면, 무등산단군신전건립위원회(위원장 이은상)는 "과거 일본인들이 우리 민족정신을 말살하기 위해 단군은 날조된 인물이라고 주장하던 것과 조금도 다름없는 행위"라고 말하였습니다. 위원회의 김상기 교수는 "단군은 과거 조정에서도 제관과 향을 보내 거족적 행사로 지원하기까지 했는데 기독교인들이 이제 '선진국 잘사는 나라는 미신 우상이 없으며 하느님만 섬기는 기독교국가'라고 하는 주장은 자주를 잃어

버린 노예근성의 발로"라고 비난하였습니다.[45] 1500만 원의 예산을 확보했던 이 계획은 허 지사의 퇴임과 허백련의 와병으로 중단되고 맙니다. 허백련은 신전 건립 부지에 돌로 제천단을 쌓고 개천절에 제를 올린 인물입니다. 그는 "단군을 경배하는 것은 종교가 아니다. 민족혼일 뿐이다. 종파를 초월해서 민족혼을 되찾기 위해 단군신전을 세우려는 것"이라고 강조했습니다. 그는 눈을 감는 순간까지도 무등산에 단군신전을 건립할 꿈을 버리지 않았다고 합니다.[46]

1980년대는 '88서울올림픽'을 앞두고 사직공원에 있는 비좁은 단군성전을 헐어 내고 신축한다는 서울시 계획이 발표됩니다. 서울시는 자라나는 세대에 민족혼을 일깨워 주기 위해 30~40억 원을 들여 사직공원을 성역화하고 단군상을 크게 확장하여 성전으로 만들기로 한 것이죠. 1985년 5월에 설계를 착수해 1987년에 완공한다는 일정이었습니다. 이러한 배경에는 전두환 대통령의 영향이 있었습니다.[47]

서울시 계획에 기독교는 결사적으로 반대합니다. 1985년 6월 1일 한국기독교지도자협의회는 국가 기관이 세금을 가지고 정부 차원의 사업으로 단군성전을 건립하는 것은 부당하다는 내용의 건의문을 서울시에 제출하죠. 6월 21일 기독교 20개 교단과 한국기독교협의회, YMCA 등이 주축이 되어 성전 건립 반대를 위한 대책협의회를 구성했습니다. 반면, 단군성전 건립을 찬성하는 사람들도 조직적으로 대응했습니다. 개천민학회(회장 송호수) 강당에서 민족종단 대표, 단군 계열 사회단체 대표 66명이 단군성전 건립의 당위성을 역설하는 결의문을 6월 12일에 채택했습니다.

그러나 서울시는 7월 3일 기독교의 반대에 부딪혀 성전 신축 계획을 없었던 일로 백지화하는 동시에 단군성전건립위원회를 해체했습니다. 일부 개신교계 인사들의 거센 반발, 서울시 예산의 부족, 지방자치단체인 서울시가 범 국민 차원에서 추진해야 할 이 사업을 주관하는 것이 적절하지 않다는 점 등이 그 이유였죠.[48] 당시 한국갤럽조사연구소가 전국 20세 이상 남녀 1031명을 대상으로 벌인 여론 조사에서 단군성전 건립에 찬성하는 의견은 67.3%였고 반대 의견은 14.1%에 그쳤습니다. 특히 종교별로 살펴보면 가톨릭 신자는 54.4%, 기독교 신자는 45.9%가 찬성했습니다. 찬성의 이유로는 '단군이 조상(시조)이니까'가 77%로 가장 많았습니다. 우상 숭배로 반대하는 의견은 24.5%에 불과하였습니다.[49]

이듬해 2월 24일 서울시가 추진하다 중단된 단군성전 건립을 현정회가 재추진하겠다면서 서울시에 부지 2000평의 사용 신청을 낸다고 발표했습니다. 현정회는 회원들의 성금을 모아서 1990년에 오늘의 단군성전을 개축한 것입니다. 2000년 이후에도 전국에는 단군전 건립이 잇따릅니다. 2000년 10월 3일 개천절에 건립한 전라북도 정읍시 단군성전을 시작으로 충남 공주시 단군성전(2001년), 충북 영동군 선교 국조전(2006년), 강원도 동해시 단군성전(2008년), 전남 영암군 수성사(2011년), 경북 청도군 태천궁(2011년), 울산광

역시 울주군 천부보전(2012년) 등이 문을 열었습니다.

단군을 우상이라고 결사적으로 반대하는 기독교인들과 달리 국조를 모신 성전을 건립하기 위해 기꺼이 성금을 내며 역사를 바로 세우려는 한국인이 여전히 많다는 것을 알 수 있습니다. 이러한 추세라면 앞으로도 단군 사묘는 계속해서 건립될 것으로 보입니다. 프랑스 정치학자 도미니크 모이시(Dominique Moisi)가 "20세기가 이데올로기의 세기라면 21세기는 정체성의 세기가 될 것"[50]이라고 밝힌 것처럼 단군을 통해 스스로 정체성을 잃지 않으려는 한국인의 숫자는 결코 적지 않기 때문입니다.

2

전국 단군 사묘

1장

전라도

❶ 곡성 단군전 – 곡성군 곡성읍 영운 1길 33
❷ 해남 단군전 – 해남군 해남읍 구교리 346
❸ 진도 단군전 – 진도군 진도읍 진도향교길 68-5
❹ 화순 국조전 – 화순군 화순읍 압곡길 132
❺ 영암 수성사 단군성전 – 영암군 영암읍 남문밖길 9
❻ 광주 5·18기념공원 단성전 – 광주시 서구 내방로 152
❼ 익산 천진전 – 익산시 평동로25길 39
❽ 김제 증산법종교 태평전 – 김제시 금산면 모악로 260
❾ 순창 단성전 – 순창군 순창읍 교성1길 14-7
❿ 진안 양명마을 단군전 – 진안군 주천면 정주천로 521-56
⓫ 군산 옥구향교 단군성묘 – 군산시 옥구읍 광월길 33-50
⓬ 고창 단군성전 – 고창군 고창읍 청룡길 3-8
⓭ 무주 신불사 대천궁 – 무주군 설천면 내북길 272-21
⓮ 진안 은수사 태극전 – 진안군 마령면 마이산남로 406
⓯ 남원 단군성전 – 남원시 식정동 359-2
⓰ 정읍 단군성전 – 정읍시 모촌길 50-33

전주
전라북도
광주
전라남도
1
2
4
5
6
7
8
9
10
11
12
13
14
15
16

✳

정도(定道) 천 년의 역사를 자랑하는 전라도는 전국에서 단군 사묘를 가장 많이 설립한 지역으로 조사됐습니다. 이 고장의 특징은 공자를 모시는 유림이 주도해서 단군전을 건립한 경우가 많았다는 점입니다. 사대주의를 배격하고 배달민족의 주체성을 확립하기 위해서였죠. 전국 방방곡곡에 단군 사묘를 건립해야 한다는 유림의 주장이 신문에 보도되기까지 하였습니다. 단군 사묘 가운데 국내 유일 등록문화재로 지정된 곡성 단군전을 시작으로 해남, 진도, 광주, 남원, 순창, 군산, 영암 등 16곳에 단군 사묘를 건립하고 홍익정신을 알린 이들을 만났습니다.

| 곡성 단군성전

백당 신태윤 선생의

3·1 운동 활동 근거지

곡성 단군성전 현판
운암 조용민 글씨, 2009년

독립운동가 신태윤이 1914년 곡성에 세운 단군전은 작산 단군전, 서산 와우리 단군전에 이어 지역에서 세 번째로 세워진 유서 깊은 곳입니다. 섬진강 기차마을, 1004 장미공원 등의 관광 자원과 함께 천혜의 자연이 빛나는 곡성의 역사이자 문화재라고 할 수 있습니다. 국내 단군 사묘 가운데 유일하게 등록문화재로 지정을 받았다는 점에서 가치를 더합니다.

단군전은 곡성역에서 1.6km 거리에 있기 때문에 택시를 타거나 걸어서 갈 수 있습니다. 3000평 대지 위에 자리한 곡성 단군 사묘에는 설립자 신태윤 동상과 기념관, 단군전과 단군상, 설단 100주년 기념비 등이 곳곳에서 관람객을 맞이하고 있습니다. 정문을 열면 손을 힘차게 뻗은 신태윤 동상(국가현충시설 지정)과 삼일운동기념탑이 보입니다. 평생 조국의 독립과 나라 사랑을 알려 온 독립운동가의 정신을 느끼게 합니다. 동상 앞에는 우리나라 지도를 잔디밭에 조경한 모습이 이채롭습니다. 입구 오른쪽에는 설단 100주년 기념비가 늠름하게 서 있고 돌계단을 오르면 단군전, 단군상, 한옥으로 만든 백당 신태윤 기념관을 만날 수 있습니다.

먼저 독립운동가 신태윤에 관해 알아보겠습니다. 신태윤은 1884년 전남 담양군 고서면 주산리에서 의관(議官) 신석용(申錫龍)의 둘째 아들로 태어났습니다. 곡성 출신이자 고려 개국공신 신숭겸(申崇謙, ?~927) 장군의 31대손입니다. 호는

옛 단군전
왼쪽 두 번째가
신태윤

백당(白堂)입니다. 그는 광주농업학교를 1906년에 졸업한 뒤 1908년 한성사범학교를 졸업하였습니다.

1909년 곡성보통학교에서 교편을 잡은 뒤부터 민족운동의 산실로 단군전 건립을 결심하고 1914년 학교 인근인 삼인동(三仁洞)에 초가로 단군전을 건립합니다.[1] 겉으로는 선조의 사당을 짓는다고 하고 몰래 단군의 위패인 '단조홍성제(檀祖弘聖帝)'를 모셨던 것이죠. 이는 민족의식과 독립정신을 높이기 위한 것이며 곡성의 동지를 결집하기 위해서였습니다. 단군전에서 3월 15일 어천절과 10월 3일 개천절 제사를 낮이 아닌 밤에 지낸 이유이기도 합니다. 단군전 초가 앞에서 동지들과 찍은 당시의 흑백 사진을 살펴보면 두루마기를 입은 신태윤의 독립운동에 나선 결의를 느낄 수가 있습니다.

애국지사 백당
신태윤 동상

신태윤의 고조선에 관한 인식은 한반도가 아니라 만주에 있었고 고구려가 고조선을 계승한 것으로 봤죠. 그는 1916년 단군의 사적을 고증하고자 만주 일대를 답사하며 독립운동가들과도 접촉합니다. 훗날 이들 중 일부가 1919년 상해 임시정부에 참여함으로써 신태윤은 직간접적으로 상해 임시정부와 내통했던 것입니다.

신태윤은 만주 답사 전부터 관계를 구축한 동지들과 함께 곡성장날인 1919년 3월 24일 만세운동을 주도합니다. 이어 일제 보안법 위반으로 체포되고 광주지방법원에서 징역 2년형을 선고받습니다. 경성고등법원에서 형이 확정되자 대구 형무소로 이감되었고 2년을 선고받았지만 미결 기간까지 합치면 3년여를 수감하였습니다. 가산은 전부 몰수되었고 10

년간 자격 또한 박탈됐습니다. 이때부터 백당의 어린 자녀들(3남 2녀)은 고난의 행군이었습니다. 당시 어려움을 백당의 셋째 아들인 신각균(전주교육대학교 명예교수)은 이렇게 말했습니다.

끼니를 때울 수 없어 걸식도 많이 했고 철도공사장에서 노동일도 많이 했습니다. 그래도 뜻있는 분들이 몰래 도와주어서 겨우 살아갈 수 있었지요. 선친이 술밥 뭉치를 얻어와 호구하던 배고픈 설움을 어찌 말로 다 할 수 있겠습니까? 우리 가족은 말 못할 고생을 다한 것이지요. 저희 둘째 형은 먹을 것을 해결하기 위하여 촌수도 따지기 어려운 일가에 양자로 들어가기도 했습니다.

신태윤은 옥중에서 단군의 건국이념과 민족정기를 밝힌 『배달조선 정사(倍達朝鮮 正史)』라는 국사책을 저술했습니다. 또, 한민족의 경전인 『삼일신고』를 풀이한 『국역 삼일신고』를 펴냈습니다. 두 책은 백당기념관에 전시되어 있습니다.

그는 출감 후 교육 사업에 뛰어듭니다. 경북 성주군 초산면 고산동과 전남 장성군 북이면에 학교를 설립하죠. 앞날을 대비해 오직 후진을 양성하는 데 목표를 둔 것입니다. 이러한 와중에도 단군단(壇)을 곳곳에 세웁니다. 일본 경찰의 눈을 피해 개천절과 어천절은 밤에만 제사를 지냈다고 합니다. 이를 통해 사람들에게 단군의 자손임을 일깨웠습니다.

신태윤은 광복 후에 곡성군 건국준비위원장으로 추대됩니다. 단군전 보본계 모임(국조단군곡성숭모회 전신)을 조직하여 개천절과 어천절에 전 군민이 참여하도록 했고 각 시도를 순회하며 국사를 알렸습니다. 1952년 보본계 회원의 성금으로 현재 자리(곡성읍 학정리)에 단군전을 건립하였습니다. 신태윤은 1961년 8월 27일 78세를 일기로 타계하였고 1977년 건국훈장 애족장이 추서되어 국립대전현충원에 안장됐습니다.

곡성 단군 영정
89×114cm, 1952년

단군전은 정면 3칸, 측면 2칸의 맞배지붕 건물입니다. 익공은 연꽃과 봉오리가 초각되었고, 보머리는 봉황 머리 모양으로 화려하게 장식되어 있습니다. 2005년 문화재청에서 등록문화재 제228호로 지정하며 "곡성단군전은 백당 신태윤 선생의 3·1 운동 활동 근거지로 그 역사적인 가치를 인정한 것"이라고 밝혔습니다.

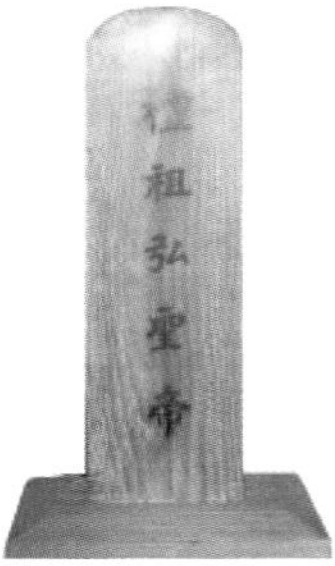

단군 위패
'단조홍성제', 1914년

단군전 내에는 1952년 모신 영정[2]과 제단이 갖춰져 있으며 현판은 행·초서의 대가 운암(雲菴) 조용민(趙鏞敏)이 2009년에 '단군성전'이라고 썼습니다. 단군전에서는 매년 양력 어천절과 개천절에 제례를 봉행하고 있습니다.

특히 2014년에는 설단 100주년을 기념해서 백당 신태윤 선생 기념관을 한옥으로 건립하였습니다. 숭모회가 주도하고 곡성군 유지들과 출향 인사인 재경향우회와 재광향우회의 전현직 회장들이 협찬해 총 사업비 1억4300만 원(도비 5000만 원·군비 5000만 원·자부담 4300만 원)을 들여 백당 관련 자료를 전시하였습니다.[3] 2005년부터 단군전을 맡고 있는 김학근 국조단군곡성숭모회 대표는 신태윤을 이렇게 말했습니다.

중학교 때 선생의 특별강연을 들었는데, 애국심이 강하셨어요. 우리 역사를 바로 알아야 한다고 항상 주장하셨습니다. 우리가 단군을 모심으로써 주체성을 가진다고. 그 정신을 제가 받은 것 같아요. 우리 역사를 이야기하실 때는 활기가 넘치셨어요.

김 대표는 무궁화와 철쭉을 심으며 단군전 가꾸기에 심혈을 기울이고 있습니다. 그의 손때가 묻지 않은 곳이 없을 정도입니다. 이렇게 정성을 다해 가꾸는 이유는 애향심이 바탕에 있습니다.

곡성의 역사를 바로 알고 후손에 전해 주자는 겁니다. 군민의 자긍심을 높일 수 있습니다. 우리 역사를 바로 알아야 어디에 가더라도 이야기를 할 수 있지 않겠습니까?

또한 개천절에는 다문화 가정을 초청하여 '태극기 그리기' 행사를 여는 등 많은 사람이 단군전을 찾기를 바라고 있습니다. 그는 "우리가 단군을 모시는 것은 홍익인간 재세이화 이념을 실천에 옮기는 데 있습니다. 그래야 건전한 사회가 되고 세계를 이끄는 선진국이 됩니다. 사무실 곳곳에 홍익인간이라고 많이 걸어 놨어요. 여생은 단군의 홍익사상을 구현하는 것입니다. 다소나마 보탬이 되는 삶을 살다가 죽고 싶어요."라고 말했습니다.

| 해남 단군전

구월산 단군 영정이

땅끝 해남으로 건너온 사연

해남 단군전 현판

육지의 끝, 해남군을 찾아갔습니다. 최남선은 우리나라가 '삼천리금수강산'인 이유를 "해남 땅끝에서 서울까지 천 리이고 서울에서 함경북도 온성까지가 2천 리"로 보기 때문이라고 했습니다. 이곳에 설립한 단군전 유래가 흥미롭습니다. 전라도가 아니라 황해도 구월산과 관련이 있기 때문입니다.

백운(白雲) 이종철(李鍾轍)은 구월산 삼성사를 방문하자 건물이 낡아서 금방이라도 무너질 형편이었다고 합니다. 삼성사는 조선총독부 소유라는 팻말을 발견해서 더 놀라게 된 거지요. 그는 '이대로 두었다가 일본인들에 의해 없어질지도 모르겠다'라는 생각에 단군 영정과 제기 등을 몰래 감추어 고향으로 돌아왔다고 합니다.[4]

이종철은 구월산에서 가져온 영정과 제기로 1923년 전남 해남군 화산면 금풍리에 삼성사를 건립합니다. 삼성사는 경주이씨 문중의 도움으로 유지하며 제향을 올렸지만 일제의 간섭이 심해지자 제향도 올리지 못하였습니다. 광복 후 삼성사를 벽지에 둘 것이 아니라 군청 소재지로 옮기자는 주민의 발의가 생깁니다. 1957년 당시 군수의 주관으로 단군전건립위원회를 조직하고 그해 군민의 성금으로 단군전을 건립하였습니다. 현재 단군전은 해남군 향토유적 제12호로 지정됐습니다.

먼저 금풍리에 가면 백운의 삼성사가 있던 터에 단군영당유허비와 백운의문비가 있습니다. 단군영당유허비는 단군

신위 봉안 유래가 명기되어 있는데요, 1968년에 건립한 것으로 이성술이 찬하고 이문수가 글을 썼습니다. 해남군 향토유적 제3호입니다. 백운의문비는 이종철의 생애가 기술되어 있으며 1994년에 세워졌습니다.

단군전은 해남버스터미널에서 차로 5분이면 갈 수 있습니다. 서림공원에 있어서 찾는 것이 어렵지 않습니다. 필자가 처음으로 방문했을 때는 7월이었죠. 시민들이 무더위를 식히려고 울창한 느티나무 그늘 아래 공원 의자에 앉아 있었습니다. 나무들이 단군전 주위를 감싸고 있는 듯 보였습니다. 단군전 앞에는 기념비가 많습니다. 대표적으로 기미독립선언서기념비 내력은 이렇습니다. 1919년 4월 6일 해남읍 보통학교 학생들은 독립만세 시위를 벌였습니다. 이어서 11일에는 김동훈, 안창석 등의 주도로 해남 장날에 운집한 수백 명의 군중이 독립만세를 외쳤습니다. 이를 기리고 민족정기를 후손에게 전하기 위해 1946년에 건립한 것입니다.

단군전 입구의 문을 열자 잔디밭 위로 정면 3칸, 측면 1칸의 다포양식 맞배지붕 건물이 모습을 드러냈습니다. 내부에

해남 단군 영정(사본)

단군 위패
'단조홍성제'

는 단군 영정과 위패가 있는데, 안타깝게도 백운이 구월산 삼성사에서 가져온 단군 영정은 전하지 않고 있습니다. 현재 봉안된 단군전 내 영정은 1963년 설산 최광익 화백이 그린 것입니다. 단군전 측에서 원본을 따로 관리하고 있고 사본만 봉안하였습니다. 위패는 곡성 단군전 위패와 마찬가지로 '단조홍성제(檀祖弘聖帝)'라고 썼습니다. 단군전 정면 우측에는 정면 3칸, 측면 1칸의 맞배지붕으로 된 전사청이 있습니다. 그 외 숭조문, 단군성조숭모비, 단군상이 세워져 있습니다.

단군영당유허비

1965년 발족한 단군성조영모회는 어천절(음력)과 개천절(양력)에 단군성조 대제를 지내고 있습니다.

| 진도 단군전

명량해전의 전승지에서 만난

단군과 왕후

이순신 장군이 명량해전에서 왜군을 무찌른 명승지로 유명한 진도에도 단군전이 있습니다. 해남을 찾았다면 진도 단군전을 두 번째 순례 코스로 잡기를 권합니다. 진도 단군전은 철마산(해발 304m)을 병풍으로 삼고 있습니다.

진도 단군전 현판
하남호 글씨, 1978년

철마산은 예부터 진도 고을의 주산으로서 제사하던 진산(鎭山)입니다. 맑은 날에는 멀리 제주도 한라산 정상이 바라다 보일 만큼 전망이 뛰어나죠. 산에는 진도읍성과 해안을 감시하기 위해 축성된 철마산성이 세워져 있습니다. 고을 수령들이 목장의 번성을 기원하며 철마신상을 모시고 제사를 지내던 마조단에서 산 이름이 유래됐습니다. 주민들은 북산이나 망적산이라고도 불렀습니다.

진도버스터미널에서 단군전까지는 차로 5분 거리입니다. 진도향교 왼쪽에 있더군요. 박재문 전 단군전숭모회장의 안내를 받고 단군전으로 향하였습니다. 입구에서부터 올라가는데 계단이 제법 많았습니다. 내문은 없고 외문 역할을 하는 개천문이 보였습니다. 단군전 앞에는 국조단군성조부흥기념탑과 단군성조숭모비가 좌우로 서 있습니다. 그렇다면 단군전은 언제부터 세워진 것일까요?

진도 유림은 3·1 운동을 기점으로 민족자존의 단합된 항거 표상을 단군에서 찾고자 했습니다. 1922년 단군과 기자를 모신 단기사(檀箕祠) 건립을 결의하였고 이듬해 봉안식을 거행한 것입니다. 그러나 일본의 반대로 한(韓) 씨 성의 비조인

기성만을 봉안하였습니다. 당시 한명이(韓明履, 1886~1961)는 동문 안 옛 향교 터인 자신의 땅을 내놓았습니다.[5] 박재문 전 단군전숭모회장은 "지금은 폐가가 됐고 그 자리는 진도복지관이 들어가 있다. 후손들도 뿔뿔이 헤어져서 여기 없다"라고 짧게 답했습니다.

광복이 되자 단군만을 모시는 성전을 건립하고자 1967년 9월 15일 기성회를 결성하였고 진도향교 서편에 터를 닦아 1978년 6월 3일 단군전을 준공하였습니다. 그해 7월 23일 단군 신위와 영정을 봉안하게 된 것입니다.

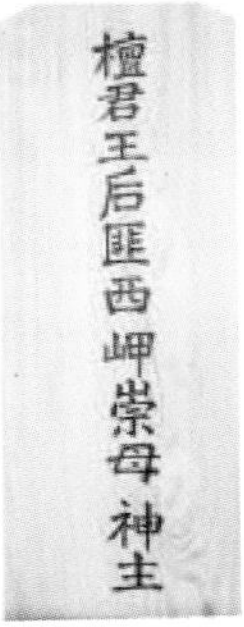

진도 단군 영정 84×127cm, Ha shill, 1978년

비서갑 신위 '단군왕후비서갑숭모 신주'

단군 신위 '홍성제단군 신주'

단군전은 정면 3칸, 측면 2칸의 맞배지붕 건물입니다. 단군전 현판은 진도 출신 서예가 하남호(河南鎬)가 쓴 것이며, 단군전 내 영정도 진도 출신 화가가 유화로 그린 것으로 추정됩니다. 신위는 단군과 단군의 부인인 비서갑을 모시고 있는 점이 특징입니다. 박 전 회장은 "제물도 두 분씩 차리고 술잔도 두 분씩 하고 있어요. 개천절에도 잔을 두 잔 올리고 있어요"라고 말했습니다. 신주는 '단군왕후비서갑숭모'라고 썼습니다. 이승휴는 『제왕운기』에서 "(단군은) 비서갑 하

백의 딸과 혼인하여 아들을 낳았는데 부루"라고 기록했습니다. 이러한 전거에 따른 것으로 보입니다.

진도 단군전에서는 매년 양력으로 어천절과 개천절 제례를 봉행하고 있습니다. 또한 군수가 지방선거에 당선되면 취임식 전에 단군전을 참배하고 있습니다. 다른 단군전에도 귀감이 될 만한 사례라고 생각합니다.

| 화순 국조전

향토사학자가 건립한

단군 할아버지 사당

화순 국조전은 광주에서 남도한약방을 경영하는 강동원 화순국조숭모회 명예회장이 1989년 고향에 자비로 건립한 것입니다. 한약방에서 강 회장을 만나서 차를 타고 갔지요. 입구인 개천문을 지나면 교육 장소인 홍익재와 국조전창건기념비가 보입니다. 왼쪽 계단을 오르면 국조전이 자리하고 있습니다. 국조전은 13평 규모의 맞배 삼포집으로, 육송과 한와로 건립하였습니다. 먼저 '국조전'이라는 이름이 궁금했습니다. 대부분 단군전, 단성전, 단묘 등 단군과 관련한 이름을 쓴 것과 달랐기 때문입니다.

화순 국조전 현판
1989년

> 대한민국 국민이라면 국조로서 받들어 모시면 좋지 않습니까? 단군이라고 하면 젊은 사람들도 생소하게 생각해요. 나라 국(國), 할아버지 조(祖). 우리 할아버지란 말입니다. 보편적이고 상식적으로 이해하기 쉽게 만들었습니다.

국조전 내 단군 영정을 봉안한 천진각(天眞閣)은 문화재 보수 기능보유자 허길룡 동국불교미술인회장의 작품입니다. 단군 영정은 불교화가 홍승표 씨가 1년 8개월 만에 그린 것입니다. 강 회장의 말에 따르면 해남 단군전을 건립한 백운 이종철이 황해도 구월산 삼성사에서 촬영한 단군 영정 사진을 사촌을 통해 대여해서 홍 화가가 이것을 보며 완성한 것이라고 밝혔습니다. 특히 강 회장이 보유하고 있는 대황조

(大皇祖) 자수(刺繡) 영정은 2007년 단군 영정 사진을 북한으로 보내 평양조선예술총국에서 자수미술을 담당한 수예가가 8개월에 걸쳐 완성한 작품입니다.

강 회장은 화순에 관한 역사와 문화를 다룬 책만 10권 넘게 펴낸 향토사학자이자 철학박사입니다. 그는 “고향의 역사를 찾다 보니까 그렇다면 우리 민족의 뿌리를 알아봐야겠다고 생각했다”라고 말했습니다. 지역의 유지들과 함께 1989년 10월 3일에 단군 영정을 봉안하고 국조전을 건립하였지요. 당시 최창규 성균관장이 건립비문을 썼고 문병란 시인이 초대 회장을 맡았습니다. 강 회장은 국조전 건립 이후로도

화순 국조전 단군 영정 102×240cm, 홍승표 그림, 1989년

화순 국조전 북한 단군 영정 자수 102×240cm, 2007년

단군 위패 ‘개국태조단군성제’

단군 연구를 계속했습니다.

단군 할아버지 사당을 짓고 나니깐 손님들이 찾아올 거 아닙니까? 그런데 아는 것이 없으니까 질문을 하면 대답할 수가 있어야 말이죠. 육십이 넘어서 대학원에 다녔어요.

당시 광주와 전남 지역에는 전남대, 전남교대, 순천대, 목포대 등의 국립대학교가 있었지만 단군 사상을 전공한 지도교수가 없어서 강 회장은 전북과 대전에 있는 학교를 알아봅니다. 이후 원광대에서 『개천경에 나타난 효사상 연구』로 석사 학위를 받았고 대전대에서 임균택 교수의 지도를 받고 『한국사상사에 나타난 삼원적 사유체계에 관한 연구』로 철학박사 학위를 취득하였습니다.

화순 국조전에서는 양력으로 어천철과 개천절 행사를 봉행하고 있습니다.

| 영암 수성사 단군성전

기의 고장에서 찾은 단군

영암 수성사 단군성전 현판, 2011년

전라남도의 마지막 답사지는 영암군입니다. 영암은 백제 때 월내군(月奈郡)이라고 불렀다가 남북국시대인 757년에 이르러 영암군으로 바뀌었죠. 영암(靈岩)은 신령스러운 바위를 뜻합니다. 『동국여지승람』에 따르면 월출산 구정봉에 있는 동석(動石: 흔들바위)에서 기원했습니다. 월출산이 기(氣)를 내뿜는 바위산이라는 점도 흥미롭습니다. 돌의 80%가 맥반석으로 이루어져 있습니다. 맥반석은 원적외선을 방출해 사람을 이롭게 하는 약석(藥石)으로도 불립니다. 영암군청이 영암을 기의 고장이라고 내거는 이유입니다. 이곳에 얼굴의 길이만 100m에 이르는 큰 바위얼굴과 천제단이 있으니 신령스러운 지역임이 분명합니다.

단군 사묘는 영암버스터미널에서 경찰서 삼거리 방향으로 걸어서 5분 정도 거리의 수성사(壽星社)에 있습니다. 수성사는 1538년(중종 33)에 관직에서 물러난 이들과 학자들의 수양처로 출발하였습니다. 설립 후 세 차례 이전하여 1628년에 현 위치(남풍리)에 자리하였지요. 991평 대지에 수령 360년 이상의 느티나무, 은행나무, 팽나무 등이 있습니다. 예전에는 마을의 수호신을 모시고 제사를 지내던 부군당(府君堂)이 있었습니다. 대일항쟁기 때 부군당이 폐쇄되고 수성사가 이전하면서 부군당의 역할까지 맡게 된 것이죠. 그런데 한국전쟁으로 소실되고 맙니다. 2005년에 군비를 지원받아 사옥(社屋), 삼문(三門), 담장, 연못, 부속건물을 세웠습니다.

단군성전은 부군당 복원을 논의하던 중에 세우게 됐습니

다. 군의 지원으로 부군당을 중건하는 안에 관해 단순한 제사보다는 우리나라를 세운 단군의 영정을 모시고 국태민안과 영암 발전, 홍익인간의 가르침을 후세에 전승하는 단군숭모제를 제향하자는 의견이 많았던 것이죠. 이에 2010년 4월 16일 제472차 수성사 총회에서 단군전추진위원회를 구성하였습니다.

그해 5월 김일태 군수와 박영배 영암군의회 의장에게 건립비 지원을 요청한 결과 추경예산에 3000만 원이 편성됨에 따라 2011년 8월 준공하였습니다. 이듬해 4월 12일에는 준공식과 함께 초헌관은 박영배 의장, 아헌관은 장동연 영암교육장, 종헌관은 신태균 영암문화원장이 각각 맡아 왕인서당 최기욱 훈장의 집례로 단군제 예례(豫禮)를 지냈습니다. 수성사는 개천절 제례를 봉행하기 위하여 성금 2000만 원을 모아 단군 영정과 제복, 제기 등을 태백시에 있는 한 업체로부터 구입하였다고 밝혔습니다. 위패는 '개국태조단군성제'라고 썼습니다.

영암 수성사 단군 영정
68×97cm, 2011년

단군 위패 '개국태조 단군성제'

현 단군성전은 2017년 12월 영암군에서 2억 원을 지원받아 12평 규모로 증축한 것입니다. 정면 3칸, 측면 2칸의 맞배지붕 건물이죠. 수성사는 매년 양력 개천절에 제례를 봉행하고 있습니다.

| 광주 5·18기념공원 단성전

광주 유일의 단군 사묘,

공원에서 만나다

빛고을 광주에는 두 개의 단군전 건립 스토리가 있습니다. 무등산 단군신전과 5·18기념공원 단군전이 그것입니다. 앞서 살펴본 단군 사묘의 역사에서 의재 허백련이 주도한 무등산 단군신전 건립은 좌절됐지만, 광주 서구 5·18기념공원 단성전이 지금까지 유일하게 남아 명맥을 이어 가고 있습니다.

광주 단성전은 원래 상무대가 있던 자리였습니다. 단성전은 1972년 당시 송호림(宋虎林, 1923~1996) 장군이 군인들의 참배 장소로 활용하기 위해서 건립하였습니다. 단성전은 건평 9.93㎡의 전통 목조 기와집인데요, 공원 한복판에 있어서 찾는 데 어려움은 없습니다. 계단을 한참 올라가면 3평에 불과한 미니 성전을 만날 수 있습니다. 성전 안에는 1972년 당시의 단군 영정과 '개국태조단군성제지위'라고 쓴 위패가 있습니다.

광주 단성전 단군 영정
63×113cm, 1972년

단군 위패
'개국태조단군성제지위'

송호림 장군은 단성전을 비롯해 사찰(무각사), 교회, 향교도 세웠습니다. 송 장군은 전주 태생으로 일본 와세다대학 재학 중에 태평양 전쟁이 종전되어 귀국한 뒤 육군사관학교를 졸업하였고 한국전쟁 당시 옹진반도에 주둔한 17연대 2대대장으로 활약합니다. 이후 5·16 군정기에는 전남지사를 역임하죠. 1973년 육군 중장으로 예편했고 제9대 국회의원을 지냅니다. 공직에서 물러난 뒤에는 천주교인으로서 신앙생활에 전념하며 하루에 2시간씩 전쟁터에서 죽은 장병을 위해 기도를 올렸다고 합니다. 이후 상무대는 1994년 전남 장성군으로 옮겼습니다.

광주 단성전 현판
1972년

단성전은 광주향교에서 단군제례를 지내다가 2007년 설립한 사단법인 국조숭모회에서 맡아서 개천절 행사를 이어가고 있습니다.

| 익산 천진전

독립운동가의 영정을 봉안하다

익산버스터미널에서 자동차로 10분이면 동산동 언덕 위에 자리한 단군 사묘를 찾을 수 있습니다. 하지만 익산 천진전은 개천절과 어천절 등 공식 행사일을 제외하고 일반인에게 개방하지 않습니다. 시간을 내어 애써 성전을 찾았다가 먼 발치서 성전만 보고 돌아가는 일이 예사입니다. 이러한 이유는 성전을 관리하는 사람이 없기 때문입니다. 단군전을 조사하는 연구자에게도 외부만 공개하고 내부는 볼 수 없습니다. 이건봉 현정회 이사장의 도움으로 두 번의 방문 끝에 단군전 내부를 촬영할 수 있었죠. 보물처럼 단군을 귀하게 모시는 것은 이해가 되지만, 그렇다고 폐쇄적으로 운영할 필요가 있을까라는 아쉬움도 듭니다.

익산 천진전 현판

익산 천진전 제향
1950년대 추정

『익산시사』에 따르면 익산 단군전 건립자는 전북 완주군 화산면 출신인 김현승(金顯昇)입니다. 그는 서울 대동전문학원 재학 시절 은사이며 단군교 교주인 정훈모의 영향으로 단군교에 입교했으며, 광복 후 국조 단군 신봉으로 민족이 단결해야 한다고 느꼈습니다. 독립운동가 이시영에게 천진(天眞)을 받은 뒤, 천진을 봉안할 계획을 세웁니다. 1949년 동지 몇 사람의 도움을 얻어 단군전 신축 대지를 정리하였지만 이듬해 한국전쟁으로 중단됩니다. 1951년 윤상훈(尹相勛) 전 익산군수,[6] 독립운동가 김병수(金炳洙) 등의 협조 아래 단군전봉찬기성회(檀君展奉讚期成會)를 조직하고 유지들의 성금으로 천진전(天眞殿)과 정문을 준공한 것이죠. 그해 10월 3일 개천절에 낙성식을 거행하여 진영봉안식(眞影奉安式)을 하였습니다.[7]

익산 천진(사본)
53×107cm

반면, 익산단군성조봉성회는 1951년이 아니라 1946년에 단체가 설립된 것으로 보고 있습니다. 이에 관해 김제선 익산단군성조봉성회장은 "김현승이 설립한 것은 맞지만, 초대 회장은 전용진 씨가 선출됐다"라며 "자료가 있는 것은 아니고 구전으로 들은 것을 내가 정리했다"라고 말했습니다.

단군 위패
'개국시조단군신위'

현 단군전은 국유지로 4072㎡입니다. 단군전은 정면 3칸, 측면 2칸의 목조 맞배지붕이며 담장으로 둘러싸인 대지 위에 있습니다. 5칸의 서재, 봉성원, 묘직사, 외삼문으로 이루어져 있습니다. 외삼문은 '단군성묘(檀君聖廟)'라는 현판을 달았습니다. 천진전에서는 매년 양력 어천절과 개천절에 유교식으로 제례합니다. 이날만 단군 영정 원본을 볼 수가 있습니다. 그 외는 사본으로 봉안하고 원본은 익산시청 유적전시관에 위탁 보관되어 있습니다.

| 김제 증산법종교 태평전

모악산 오리알 터에 세운 국조 단군

증산법종교는 모악산 배꼽 아래인 오리알터(금평저수지) 인근에 자리하고 있습니다. 이곳에 단군을 모신 전각이 있다는 사실은 이찬구 박사[8]의 소개로 처음 알게 됐습니다. 사실 증산법종교를 비롯한 많은 민족종교는 종교를 초월하여 단군의 역사를 알리고자 노력해 오고 있습니다. 단군은 종교 이전에 우리의 조상이요 뿌리이기 때문입니다.[9]

김제 증산법종교 단군상 1953년

증산(甑山) 강일순(姜一淳, 1871~1909)이 "이 시대는 원시반본(原始反本)하는 시대라, 환부역조(換父易祖)하는 자는 다 죽으리라"라고 경고한 것은 일제의 침탈에 맞서 조상을 부정하지 말라는 뜻이라고 봅니다. 일제가 창씨개명(創氏改名)으로 성명을 일본식으로 바꾸게 하고 신사참배를 강요한 것만 보더라도 한국인의 정신까지 빼앗으려고 했다는 것을 알 수 있습니다.

김제 증산법종교 태평전 현판

증산법종교는 증산의 딸인 화은당(華恩堂) 강순임(姜舜任, 1904~1959)이 1937년에 창교한 민족종교입니다. 교조인 증산의 체백(體魄)이 증산법종교 영대(靈臺)에 안장되어 있습니다. 이 영대와 삼청전은 2005년 등록문화재 제185호로 지정받았습니다. 그 외 숭도묘, 천하전, 경춘대, 대령전 등의 건물이 곳곳에 세워져 있습니다.

개국 시조 위패

국조 단군을 모신 태평전(太平殿)은 입구인 경춘대를 지나 영대 건물 오른쪽에 있습니다. 1953년 건립된 고전식 목조 건물로 정면 3칸, 측면 2칸의 팔작지붕을 하고 있습니다.[10] 태평전과 관련하여 증산법종교는 "홍익인간의 건국이념을 계승하고 대덕홍은(大德鴻恩)을 존모하여 국가 수호신으로 모시며 민족정기를 바로 세워 국운 융성을 기원하기 위해서 세웠다"라고 밝혔습니다. 태평전의 태(太)는 단군이 강림한 태백산(太白山)에서 가져온 것이고 평(平)은 단군이 도읍을 정한 평양(平壤)의 첫 글자를 딴 것이죠.

태평전에는 단군상을 중앙으로 모시고 개국시조 위패가 좌우에 봉안되어 있는 것이 특징입니다. 단군상 높이는 1.7m입니다. 의자에 앉은 단군상은 마치 실제 노인처럼 느껴질 만큼 섬세하게 제작됐습니다. 단군상은 태평전 건립 당시에 봉안된 것으로 보입니다. 태평전 제례는 9월 19일(음력) 증산 상제 탄강절에 맞춰서 올리고 있습니다. 하지만 개천절과 어천절 등에 단군제례는 하지 않습니다. 신도가 아니더라도 누구나 단군전을 방문할 수 있습니다.

| 순창 단성전

유림의 외침,

국조를 모르면 사대사상이 싹튼다

순창버스터미널 사거리에 중절모를 쓰고 지팡이를 든 노신사가 서 있었습니다. 흰 콧수염이 인상적인 양상화 단군사상선양회 이사장이 필자를 위해 마중을 나왔습니다. 필자는 양 이사장과 함께 택시를 타고 10분 거리에 있는 단성전으로 향했습니다. 단성전은 아담했습니다. 계단을 오르고 외문과 내문을 건너 성전을 만났을 때와 달랐습니다. 마당을 갖춘 집이라고나 할까요? 홍익문과 단성전, 그리고 이화당(理化堂)이 전부입니다.

순창 단성전 현판
1996년

양 이사장은 옛 단군전 건립의 주역인 신학우(申學雨)의 아들 신병식 씨와 고등학교 동창입니다. 둘은 선대에 이어 선양회를 맡았고 이후 친구가 고인(故人)이 되면서 양 이사장은 회장이 되어 현 단군전과 도덕교육관 건립을 성사시켰습니다. 양 이사장이 단군운동을 하게 된 계기는 일제에 있었습니다.

왜정 때 일본놈 밑에서 중학교에 다녔어요. 대동산이라고 신사가 있었어요. 거기까지 가서 참배했습니다. (신사 앞에서) 웃는다고 빰을 맞았던 시절입니다. 광복되니깐, 우리 역사는 왜 이렇게 된 것이냐? 관심을 가지고 시작한 것입니다.

그는 일제가 왜곡한 역사를 바로잡고 후손에게 제대로 전해야 한다고 강조했습니다. 역사를 모르면 아무것도 할 수 없다고. 그의 역사관은 어떠한 상황에도 쓰러지면 안 되는 주춧돌과 같았습니다.

순창 단성전 환인, 단군, 환웅 석상 은연수 작, 1996년

현 단군전은 양상화 이사장의 주도로 성금을 모아 1996년 건립하였습니다. 현판은 '단성전(檀聖殿)'이라고 하였고 건물은 전면 3칸, 측면 2칸의 목조 기와집입니다. 성전에는 환인·환웅·단군상을 함께 모시고 있습니다. 은연수 조각가가 석상으로 만든 것으로, 각각의 높이는 2m이고 너비는 1m입니다. 향을 피우고 누구나 참배할 수 있도록 문을 열어 두고 있죠. 옆에 있던 김법종 총무는 단성전이 개인의 것이 될 수 없다는 점을 강조하였습니다.

> (단성전은) 나라의 것이고 민족의 것입니다. 우리가 했다고 해서 개인의 것이 아닙니다. 단성전은 국조를 모신 곳입니다. 기독교인이라고 오지 말라고 하고 불교인이라고 오지 말라고 하는 것이 아닙니다.

단성전 오른쪽에 있는 이화당은 2005년에 건립하였습니다. 총사업비만 2억9000만 원(국비 2억 원, 군비 5000만 원, 자부담 4000만 원), 79평 건평에 30평의 목조 기와집 구조의 지상 1층 건물로 신축하였습니다. 원래 도덕교육관이었는데, 단군성조의 건국이념을 후대에 계승하고 발전시키고자 이화당이라고 이름을 지었다고 합니다. 문을 열고 들어가니 공간이 꽤 넓었습니다. 교육장이자 사무실로도 사용하고 있더군요. 실내에는 단군 영정과 환인·환웅·단군의 위패가 있습니다. 양 이사장은 "안호상 박사가 계신 단군선양회에서 구입한 것"이라고 밝혔습니다. 오른쪽에는 『천부경(天符經)』이 액자로 걸려 있습니다.

여기서 잠깐 『천부경』에 관해 알아보겠습니다. 『천부경』은 81자의 한자로 쓰여 있으며, 서양 우주론 이전에 한국 우주론이 있었다는 것을 문헌적으로 증명하고 있습니다. 『천부경』이 세상에 알려진 것은 1911년 계연수가 1916년 묘향산 바위에 새겨진 글씨를 탁본해 1917년 단군교당으로 보낸 뒤부터였습니다. 애국지사 윤효정(尹孝定, 1858~1939)은 1918년 중국 북경에서 철학자 전병훈(全秉薰, 1857~1927)을 만나 『천부경』을 전합니다. 전병훈은 2년여의 연구 끝에 1920년 그의 저서 『정신철학통편』 첫머리에 『천부경』을 수록하고 북경에서 발간하였습니다. 이것이 현존하는 가장 오래된 천부경 해제입니다.[11] 그 후 1921년 계명구락부에서 발행한 잡지 『계명』 4호에 한별(생몰년 미상)이 『천부경』을 해제했고

이화당 삼신 위패
왼쪽부터 개천환인천황, 개국환웅천황, 단군성조

1922년 김택영(金澤榮, 1850~1927), 1930년 이용태(李容兌, 1890~1966) 등의 『천부경』 해제가 잇따랐습니다.

양 이사장은 이화당 준공비 오른쪽에 세운 공적비를 가리켰습니다. 1000만 원 이상 기부한 네 사람을 위해 건립한 것이라고 합니다.

> 이분들은 선양회 고문입니다. (이화당 건립하는 데) 어려움이 많았습니다. 시골에서 누가 그렇게 돈을 내놓을 사람이 있겠어요. 참 피나는 노력으로 만들었습니다.

그렇다면 옛 단성전의 역사를 살펴보겠습니다. 성전의 역사는 1778년(정조 2)으로 거슬러 올라갑니다. 당시 순화리에 지어졌다고 하는데, 대일항쟁기가 되자 일본 수비대의 본부로 사용됐죠. 광복 후에는 헌병들의 주둔으로 파괴됐다고 전합니다.

신학우는 광복 후 이념 갈등으로 갈피를 못 잡는 사람들을 보면서 국조 단군을 떠올렸습니다. 홍익인간 이념 아래 민족의 주체성을 길러야 통일할 수 있다고 생각한 것입니다. 그 시작은 단군전이었습니다. 주목할 것은 고향에만 단군전을 세우자는 주장에 그치지 않았다는 점입니다. 『동아일보』는 1962년 7월 8일 자에 이를 보도하였습니다.

> 이곳 유림 대표들은 전국 방방곡곡에 우리의 조상인 단군을 모시는 묘를 세우는 국민운동을 일으킬 것을 결의하고 전국 각 유림 측에 통문을 돌리는 한편, 국가재건최고회의 의장 박정희 장군에게도 건백서를 내었다. 민족의 조상을 잘 모르는 데서 사대사상이 싹트게 된다. 앞으로 국민운동을 일으켜서라도 단군성조를 봉안하는 묘가 전국 각 고을에 세워질 수 있도록 해 줄 것을 건의하였다.[12]

공자를 숭상하는 유림이 오히려 사대주의를 배격하고 전국에 단군 사묘를 세워야 한다고 주장한 것은 세계화 시류에 휩쓸려 민족의 역사이자 주체성마저 잃어 가는 사람들에게 시사하는 바가 큽니다.

신학우는 1961년 유림과 더불어 단군성전건립추진준비위원회를 결성하여 군민의 성금을 모아 3월 20일 단군 신위를 봉안하였습니다. 한식 목조 기와 건물이었고 당시 운영은 향교 유림이 맡았습니다. 1968년에는 단군기원통일원이라는 단체를 등록하였습니다. 그 후 유림과 군민들이 군청 경내에 있는 호고재(好古齋)를 강천산 입구로 옮기고 단목원(壇木院)이라 개명하였습니다. 1981년 단목원 건물이 오래되고 낡아서 유림 총회의 결의에 따라 위패를 순창향교 대성전에 옮겨 9년 동안 봉안하였던 것입니다.

단성전에서는 매년 양력 개천절에 제례를 유교식으로 올리고 있습니다.

| 진안 양명마을 단군전

지극한 정성이

군민의 마음을 움직여

"지성이면 감천"이라는 속담이 있습니다. 지극한 정성이면 하늘도 감동한다는 뜻은 단군전 건립에도 예외가 아니었습니다. 진안군에서 차로 30분을 달려서 도착한 양명마을 단군전 주위는 구봉산(해발 1002m)과 1988년 새로 막은 구봉저수지가 있더군요. 단군전은 2009년 군의 지원을 받고 한옥으로 복원했지만 이전에는 자그마한 건물이었다고 합니다. 이름도 단군전이 아니라 단운사(檀雲祠)였습니다. 사연은 이렇습니다.

절골 안쪽에 있는 천황암에서 수도하던 비구니 채법선은 광복 직후부터 단군제를 성심으로 지냈다고 합니다. 이에 감동한 동네 주민들이 참여하여 단운사를 세우게 됐죠. 채법선과 최일선의 발의로 이귀순, 김재봉 등 122명이 제원(諸員)을 모으고 기금을 거두었습니다. 1959년 10월에 100평의 터를 닦고 1965년에 중수하였습니다. 단운사는 함석 지붕에 정면 1칸(1.97m), 측면 1칸(1.85m)이었습니다. 사당 안의 정면 벽에는 탱화가 걸려 있는데 3인상 중앙의 인물은 미상이고 왼쪽이 단군, 오른쪽이 기자였다고 합니다.[13]

진안 단군전 단군 영정 43×86cm, 2009년

진안 단군전 현판 2009년

단군 위패 '단군성현신위'

기자 위패 '기자성현신위'

단운사
1965년(진안군청 제공)

현 단군전은 정면 3칸, 측면 2칸의 팔작지붕 건물입니다. 단군전에는 단군 영정과 두 개의 신위(단군성현신위, 기자성현신위)가 있습니다. 조성섭 양명마을 노인회장은 "수십 년 동안 주민들이 계를 조직해서 단군제를 지냈어요. 음력 3월 15일에만 제사를 합니다. 옛날에는 3개 면이 지냈고 참석한 인원이 100명을 넘었습니다. 지금은 2개 마을이 참여하고 있습니다"라고 말했습니다. 조 회장은 탱화는 잃어버려서 (대신) 단군 영정을 걸었다고 전했습니다. 개천절이 아니라 단군이 승하한 어천절만 기리는 것이 특징입니다.

| 군산 옥구향교 단군성묘

배달민족의 주체성을 확립하자

옥구향교 단군성묘 현판 1972년

옥구향교는 군산에서 유래가 깊은 문화유적입니다. 군산버스터미널에서 차를 타고 20분 정도 거리인 상평리에 있습니다. 향교는 1403년(태종 3)에 옥구읍 이곡리 교동에 창건하였습니다. 1484년(성종 15) 상평리 동북방으로 이전했다가 임진왜란을 치른 후 현 위치로 이전했는데, 상평마을 북쪽 광월산 자락에 남향하여 자리 잡고 있습니다.

향교는 마치 역사 교육의 장을 보는 것 같습니다. 단군을 모신 성묘부터 최치원의 영정을 봉안한 문창서원과 자천대, 세종대왕숭모비와 비각이 있습니다. 대성전은 공자와 제자 그리고 우리나라 학자들의 위패를 모신 곳으로 전라북도 문화재자료 96호입니다. 명륜당은 '인륜을 밝히는 집'이란 뜻입니다. 조선 후기부터 중등 교육 기관으로 인재를 양성했지요. 향교 내 문화유적도 많으니 공부하는 마음으로 천천히 살펴보면 좋을 것 같습니다.

단군성묘 입구는 차준용이 쓴 건시문이 내외삼문 역할을 하고 있습니다. 오른쪽엔 〈단군성전개축기〉(1998)와 〈단군성묘봉축기성회찬조자방명기〉(1979)가 세워져 있습니다. 건시문을 열면, '단군성묘'라는 현판이 걸린 성전이 모습을 드러냅니다. 1972년에 세웠고 1998년에 개축하였습니다. 정면 3칸, 측면 2칸의 팔작지붕 건물로 15평 규모입니다. 문을 열자 제단 위에 단군상이 모셔져 있는데, 높이는 85cm로 자그마한 상이지만 색깔을 입혀서 생동감 있게 표현한 점이 눈에 떱니다. 그렇다면 어떻게 세우게 된 것일까요? 김조현 전교는 이렇게 말했습니다.

유림이 외국의 공자를 모시고 제사 지냈어요. 우리의 국조인 단군의 사당이 있어야 한다. 그래서 유림이 돈을 모아서 지었어요. 제사도 자체적으로 하다가 옥구향교가 문화재가 되면서 시에서 보태 줍니다.

옥구향교 단군상
1972년

관련 자료를 찾아보니 성전 건립과 관련하여 유림이 사대주의 때문에 단군을 숭모하여 기리는 사우(祠宇)가 드물다며 배달민족으로서의 주체성을 확립하기 위해 국조성묘를 모시게 됐다고 나옵니다.[14] 당시 군산시장을 비롯해 여러 유지가 참여해서 성묘를 세운 것이지요. 옥구향교 단군성묘에서는 매년 개천절에 유교식으로 제례를 올리고 있습니다.

김조현 전교는 “다른 곳보다 제향이 많아요. 문창서원, 단군성전, 현충사 등 우리는 다섯 번 제사를 지내요. (군산시로부터) 대성전은 150만 원, 단군성전은 200만 원을 지원받습니다”라고 말했습니다. 옥구향교는 지원이 더 필요하지만, 시에 건의하더라도 쉽지는 않아 보였습니다. 이곳의 관리는 향교의 땅에서 농사를 짓는 어르신이 하고 있습니다.

| 고창 단군성전

성인의 산에

유림과 군민의 뜻이 자리잡다

단군성전은 교촌마을 성산(해발 168.4m)에 자리하고 있습니다. 한자를 풀이하면 '성인의 산'이죠. 성산은 고창의 주산인 방장산(해발 743m)에서 출발합니다. 벽오봉 서쪽을 향해 구붓구붓 이어 오는 산굽이를 내려오면 동서대로의 지하도가 나오죠. 고개를 들고 쳐다보면 우뚝 솟은 속칭 필봉이 보이는데 거기서부터 높고 낮은 산 능선을 따라 걷다 보면 멈춰 버린 산이 성산입니다.

고창 단군성전 현판
송성용 글씨, 1979년

이곳에 대표적인 문화유적은 어사각, 옛 고창고등보통학교 강당, 고창오거리당산제보존회, 고창향교 등이 있습니다. 고창향교(전라북도 문화재자료 제98호)는 고려 공민왕 때 향학당이란 이름으로 학당동(현 고창읍 월곡리)에 있던 것을 옮긴 것입니다. 과거제도가 폐지된 1894년까지 많은 인재를 배출했다고 합니다. 그런데 향교의 유림은 1970년대 후반부터 단군성전 건립에 나섭니다. 왜 갑자기 단군을 모시게 됐을까요? 신휘관 단군성전보존회장의 말입니다

> 전라도에서 우리보다 먼저 생긴 곳(단군 사묘)이 4~5군데가 있었어요. 다른 지역은 공자님을 모시면서도 단군을 모시는데, 우리가 잊을 수 있느냐? 그런 뜻에서 단군성조를 모셔야 한다고 해서 시작했어요.

단군성전이 있던 곳은 본래 향교의 땅이었지요. 당시에는 집이 몇 채 있었고 주민들이 밭으로 활용했다고 합니다. 성

전 건립은 유림이 시작했지만 군민의 모금으로 거국적으로 진행됐습니다. 이어 신 회장이 덧붙여 말했습니다.

그때는 기독교인도 협조해 주었어요. 많은 사람이 함께했습니다.

당시 건립에 동참한 인원만 1250여 명에 달했습니다. 많게는 벼 20석부터 적게는 1가마까지 무려 1125석이 모여 1979년 성전을 세웠던 거지요.[15] 성전 앞마당에 세워진 기념비에는 성금에 동참한 사람들의 이름이 빼곡히 새겨져 있습니다. 단군성전을 참배하러 왔다면, 건립의 주역들도 잊지 말아야 할 것입니다. 이들이 아니었다면 성전은 존재하지 않았을 것이기 때문입니다. "(단군성전은) 군민의 순수한 성금으로 이룩한 우리 고장의 자랑"이라는 신 회장의 말이 가슴에 와 닿습니다.

이제 성전을 둘러봅시다. 성전으로 가는 모양성로에는 '단군성전'이라는 표석이 자리하고 있습니다. 마치 큰 바위처럼 이곳을 지키는 듯합니다. 입구인 홍살문을 지나 계단을 오르면 홍익문이 나오고 문을 열면 정면 3칸, 측면 2칸의 맞배지붕 목조 기와집으로 지은 단군성전이 모습을 드러냅니다. 단군성전 현판은 서예가 강암(剛菴) 송성용(宋成鏞, 1913~1999)

고창 단군 영정
74×145cm, 1979년

단군 위패
'단군성조신위'

이 썼으며, 성전 좌우에 단군전 건립사적비와 건립 동참자 비문이 있습니다. 동재나 서재는 없습니다. 성전의 문을 열면 색이 짙은 근엄한 표정의 단군 영정을 만날 수가 있습니다. 절은 네 번 올리고 제례는 유교식으로 치릅니다. 대표적인 행사인 양력 개천절에는 군수가 직접 참배하고 있습니다.

| 무주 신불사 대천궁

민주지산에서

단군의 부모를 만나다

'산 넘고 물 건너'라는 표현처럼 신불사는 깊은 산골에 있더군요. 지인의 소개와 몇 번의 통화를 거쳐 2017년 11월 중순에야 한산 대사(속명 송원홍)를 만날 수 있었습니다.

신불사 대천궁 현판
송원홍 글씨, 1984년

한산과 마주 앉아 차를 마시며 단군을 만난 이야기부터 들었습니다. 경기도 파주가 고향이고 대학교를 졸업한 뒤 공군 하사관으로 군 복무를 하며 결혼하고 가정을 꾸렸다고 합니다. 일반인과 크게 다르지 않는 삶이었습니다. 그런데 30대에 갑자기 진리를 찾기 위해 구도의 길에 들어섭니다. 왜 그랬느냐고 하니까 한산은 "호기심"이라고 웃으며 대답하였습니다. 궁금한 것은 못 참는 성격이더군요.

한산은 먼저 절에 들어갔지만 한 달 만에 나와서 명산을 다니며 토굴 수행을 하였습니다. 이때 동일 스님(속명 이갑손)을 만난 것이 단군을 알게 된 직접적인 계기였습니다. 동일 스님이 묘향산 단군굴에서 수행하는 스승을 시봉하였다고 합니다. 앞서 단군 사묘의 역사에서 살펴본 것처럼 묘향산은 1852년에 단군굴에서 수도한 김염백 이래 많은 사람이 기도하고 수행하던 성지입니다.

한산은 10년 토굴 수행을 마친 뒤 춘조 이상훈이 대종교 11대 총전교를 역임하고 정봉화가 삼일원장을 하던 시절에 대종교 선도사로 활동하였습니다. 당시 단군교와 대종교를 통합하는 안건이 있었다고 합니다. 이 안이 결렬되자 한산은 정 원장과 시흥 단군교 본부로 돌아온 이후 배달문화연구원

신불사 신모상 1987년
신불사 한웅상 1987년
신불사 한검상 1960년대

장으로 민족의 역사와 철학을 알렸다고 합니다. 그리고 1984년에는 전북 무주군 설천면 대불리에 신불사(神市寺)를 설립하였습니다. 신불사는 영동군, 무주군, 김천시 경계에 있는 민주지산(해발 1242m) 자락에 있지요. 한산은 충청·전라·경상 3도를 가르는 삼도봉을 거느린 이곳을 수행처로 삼고 신불사 터전을 일궜습니다. 현재 10만여 평의 대지 위에 교육과 수행 시설을 갖추고 제자들을 양성하고 있습니다.[16] 신불은 환웅을 뜻합니다. 앞서 허목은 환웅을 신시씨라고 하였지만 한산은 시(市)를 불이라고 읽어야 한다고 말하였습니다. 또한 환웅이 아니라 한웅으로 표기해야 한다고 말합니다(이하 한웅). 그가 배달문화연구원장 시절인 1987년에 펴낸 『배달전서』를 보면 자세히 나옵니다.

한웅께서는 삼천의 무리를 거느리고 해 돋는 동방을 향하여 길을 떠난 지 여러 날 후에 태백산정 신단수 아래 도착하여 도읍을 정하시니 한웅님을 신불이라 하고 임금으로 받들었다. 상원갑자 상달 상날에 태백산정 신단수 아래 천단을 쌓고 하느님께 천제를 올리시니 하늘이 열리고 상서로운 기운이 천지에 가득하였다. 한웅께서 하느님께 고천하시고 천황에 오르시니 온 백성이 기뻐하며 칭송하였다. 신불 천황께서 삼선 사령을 거느리고 무리 삼천을 한 가족으로 삼아 하느님의 나라를 세우시고 이름을 '배달'이라 하시었다. 세상 사람들은 말하기를 '신불의 나라' 혹은 '신불'이라 하였다.[17]

신불사 한웅 영정
87×133cm, 석영 최광수, 1984년

한산은 민주지산에 터를 잡은 1984년에 신불을 모신 대천궁(大天宮)을 세웠습니다. 현판은 그의 작품입니다. 문을 열면 한웅이 중앙에 있고 좌우에 신모(웅녀)와 한검(단군)을 상(像)으로 모시고 있는 것을 볼 수 있습니다. 하늘과 땅 그리고 사람을 뜻하는 '원방각'과 '삼태극'을 배경으로 했더군요. 단군상 유래를 물어보니 1960년부터 단군을 모시던 이신희 할머니에게 1984년에 기증받았다고 하며, 재질은 청동인데 도금하였습니다. 이어 한웅과 신모상은 1987년 200

만 원의 제작비를 들여 섬유강화플라스틱(Fiber Reinforced Plastics, FRP)으로 만들었습니다. 한웅은 천부인을 오른손에 쥐고 있고 왼손은 지팡이를 든 채 의자에 앉아 있습니다. 한웅 뒤에는 호랑이가 마치 그를 보좌하는 것처럼 있습니다. 신모상의 오른손에 옷을 든 것은 길쌈을 뜻합니다. 국내 단군 사묘는 주로 단군을 모시는 경우가 많은데 단군의 부모를 상으로 함께 모시는 경우는 신불사의 특징이라고 하겠습니다.

이어 대천궁 맞은편 2층 건물로 이동하였습니다. 이곳은 교육장으로 쓰고 있는데 한웅 영정과 위패가 있습니다. 영정은 한국전통미술인회장 석영(石影) 최광수(崔光守, 1932~1990) 화백이 7개월을 그려서 1984년에 완성한 것입니다. 석영은 현재 공인된 허준과 이제마 영정을 그려서 유명합니다.[18] 일부 단군 사묘에서 볼 수 있는 석영의 한웅 영정은 모사본입니다.

한산은 단군이 아니라 한웅이 우리나라를 건국하였다고 보고 있습니다. 한웅의 시대는 13대까지 이어졌고 14대 치우천황은 구려국을 개창한 시조라는 것입니다. 따라서 대천궁에는 치우상도 세워야 한다는 것이 그의 계획입니다. 신불사의 또 다른 이름은 '자연문화회'입니다. 앞으로 탈종교, 탈국가, 탈가정의 시대가 열릴 것이라는 그의 생각에 따라 자연과 하나 되고 문화로 알리겠다는 뜻입니다.

현재 신불사에서는 매년 음력 어천절과 개천절에 제례를 올리고 있습니다.

| 진안 은수사 태극전

마이산에

단군왕검이 내려오셨네

은수사가 자리한 마이산은 세계적인 여행안내서 『미슐랭 그린가이드』에서 별 3개 만점과 함께 꼭 가 봐야 할 명소로 추천한 곳입니다. 높이는 서봉 685m, 동봉 678m입니다. 동봉과 서봉 사이에 448개의 층계가 있고, 동봉 중턱의 화암굴에서는 약수가 솟지요. 마이산은 신라 때는 '서다', '솟다'라는 뜻으로 '서다산(西多山)'이라고 했고, 고려 때는 '솟아오르다'는 뜻으로 '용출봉(湧出峰)'으로 불렀지요. 조선시대에는 태조 이성계와 관련한 이름으로 바뀌는데, 속금산(束金山)이 그것입니다. 속금이란 이성계의 나라 다스림의 상징인 '금척' 여러 개를 묶어서 하늘의 신선으로부터 받았다는 뜻입니다. 또한 이성계가 산의 모양을 보고 말의 귀와 비슷하게 생겼다고 하여 마이산이라고 불렀습니다.

은수사 태극전 현판
양촌, 2002년

은수사(銀水寺, 주지 광전행)는 진안군 마령면 동촌리 5번지 숫마이산 아래에 있습니다. 1920년에 마이산 아래 진안읍 단양리 사양동에 살던 이규헌(1853~?)이 창건할 때에는 정명암(正明庵)이라고 이름하였습니다. 은수사라는 이름은 조선 태조가 이곳에 왔을 때 물이 은처럼 맑다고 하여 지어졌다고 합니다. 1970년경 조계종단에 전통사찰로 등록하였으나 대처승이 소유하는 사찰이므로 조계종단과 성격이 맞지 않아 1985년경 황혜수 주지가 태고종으로 종적을 변경하였습니다.

마이산도립공원 입구에서 출발해 2.5km을 지나면 탑사에 이르고, 이어 오른쪽 오솔길로 올라가면 숫마이산 아래에 사찰이 자리하고 있습니다. 이곳에는 무량광전, 대적광전, 태극전, 요사채, 마이산 산신제단 등이 두루 갖춰져 있습니다. 사찰에는 국내 최대 크기였던 법고(1982년 제작)를 소장하고 있습니다. 조선 초기에 제작된 것으로 추정되는 석상, 삼신할머니상이 출토됐지요. 또한 은수사 경내에는 마이산 줄사철군락(천연기념물 제380호), 은수사 청실배나무(천연기념물 제386호)가 있습니다.

은수사 단군 영정
148×210cm, 1987년

그렇다면 단군을 모신 태극전을 살펴보겠습니다. 태극전의 옛 이름인은 '정명암'이었습니다. 명암은 음양오행의 순환을 나타낸 것이고 태극은 그 상징이라고 보면 됩니다. 1987년 주지 황혜수 스님에 의해 지어진 사묘입니다. 태극전은 형태가 독특합니다. 사면은 각 2칸의 네모난 건물인데 처마는 8각으로 만들고 지붕은 둥글게 꾸며 칠판으로 덮었습니다. 관계자의 말에 따르면 "전통적인 음양 사상에서 4괘, 8괘, 그리고 천원지방의 뜻을 표현하기 위해 이러한 설계로 꾸몄다"고 합니다.

안으로 들어가면 대형 단군 영정이 모셔져 있습니다. 폭이 1.5m이고 길이는 2m가 넘습니다. 영정은 대종교 표준 영정과 비슷하지만 불상처럼 후광(後光)이 그려진 점이 다릅니다.

영정 제작 연도는 태극전 건립 당시의 것으로 보입니다. 영정 오른쪽 하단에는 단군칙어(檀君勅語)가 있습니다.

> 일신(一神)은 충(衷)에 내리고(一神降衷) 성(性)은 광명으로 통하니(性通光明) 세상에 있으면서 이치에 따라 교화하여(在世理化) 인간을 널리 이롭게 한다(弘益人間).

『환단고기』[19]에 나오는 구절입니다. 11세 단군 도해는 재위 57년 10월에 대시전(大始殿)을 세워 환웅을 모셨다고 합니다. 이어 단군의 말씀을 돌에 새겼는데, 그 어록 중의 일부를 인용한 것이죠.[20]

오른쪽 벽엔 이성계가 무릎을 꿇고 신인에게 금척을 받았다는 〈몽금척도(夢金尺圖)〉가 있습니다.[21] 금척은 금으로 된 잣대를 말합니다. 앞서 밝힌 마이산의 옛 이름인 속금산과 관련이 있기 때문에 걸어 놓은 그림으로 보입니다. 왼쪽 벽에는 단군에게 제를 지낼 때의 형식을 담은 그림과 〈일월오봉도(日月五峯圖)〉가 있습니다. 내부의 단청은 8괘를 방위에 맞춰 썼고 바깥벽에는 금척 수수를 상징하는 〈속금산도〉를 그렸습니다. 마이산의 역사를 설명할 수 있는 벽화로 장식한 것이라고 할 수 있습니다. 연목은 64개를 걸어 8괘를 다시 세분한 것이 64괘라는 역의 원리를 그대로 응용한 것입니다.

은수사에서는 개천절 등에 단군제례를 올리지 않습니다.

| 남원 단군성전

유림, 홍익인간 이념을 가르쳐야

남원 단군성전 현판
1993년

남원은 국민 소설 『춘향전』의 고향이고 음식으로는 '추어탕'이 유명한 전북의 대표적인 문화관광지입니다. 관광객은 우리나라 춘향전의 무대인 '광한루'에서 사진을 촬영하고 추어탕을 먹으며 남원에서 추억을 만들 것입니다. 그런데 먹고 구경만 할 수는 없지요. 이 땅에 살았던 선조들은 단군을 어떻게 생각했는지 궁금하지 않습니까?

단군 성전은 남원시에서 5km 정도 떨어진 외곽의 식정동에 자리하고 있는데 규모가 제법 컸습니다. 낯선 이의 방문에 놀랐는지 주변의 민가에서 개가 짖었습니다. 홍익문을 중심으로 좌청룡과 우백호처럼 지키는 비석이 있더군요. 왼쪽은 국조단군한배검숭모비이고 오른쪽은 헌성비입니다. 헌성비 옆으로 비석들이 나란히 있는데, 성전을 건립하기 위해 십시일반 성금을 낸 사람들입니다.

성전을 오르기 위해 두 개의 문을 지나야 합니다. 홍익문과 이화문이죠. 이어 넓은 부지에 단군성전이 모습을 드러냈습니다. 자료를 살펴보니 단군성전선양회 남원지부는 1985년 10월 31일에 설립됐습니다. 1991년 단군성전건립추진위원회(회장 양창현)를 조직해서 단군성전 건립에 나섭니다. 단군정신을 선양하고 후세대의 교육장으로 활용하기 위함이었지요. 선양회 활동과 관련해서 주목할 만한 것은 『경향신문』 1987년 9월 25일 자 기사입니다. 당시 전북 남원향교는 여름방학 동안 남원의 4개 중고등학교 167명의 학생을 대상으로 '하기 충효교실'을 운영했습니다. 교실에는 유교의 삼강오륜을 가르치는 명륜교감, 생활예절, 단군 사상을 가르친 충효교육 등의 과목이 개설됐습니다. 이후 학생들이 교육을 어떻게 받았는지 설문 조사를 진행했는데 결과가 놀라웠습니다. 참여 학생의 34%가 "단군 사상은 처음 들었다"라고 응답했다는 것입니다.

최규진 단군정신선양회 남원지부장은 "단군의 개국 정신과 홍익인간 이념을 가르치지 않고 주체적인 역사 교육을 한다는 것은 말도 안 된다"라며 "대한민국 교육법에는 엄연히 교육은 홍익인간의 이념 아래 모든 국민으로 하여금 인격을 완성한다고 명시되어 있음에도 우리 교육은 그동안 이를 외면했다"라고 각성을 촉구했습니다.[22] 그로부터 5년이 지난 뒤에 단군성전이 건립됐으니, 선양회가 오래전부터 남원시민과 학생을 대상으로 홍익 정신을 알렸다는 것을 알 수 있습니다.

남원 단군성전은 1992년 10월 3일 현재의 자리에 기공식을 하였습니다. 최봉규 시장과 백인주 군수를 비롯하여 단군정신선양회 임원과 사회단체장 등 100여 명이 참석하였습니다.[23]이듬해 7월 28일 정면 3칸, 측면 2칸의 팔작지붕 목조 기와집으로 성전을 건립하였습니다. 홍익문, 이화문, 관리사

남원 단군 영정
76×150cm, 1993년

단군 신위
'국조단군홍성제'

등을 갖췄지요. 전체 부지는 5336㎡이고 단군성전은 47.43㎡입니다. 성전 건립에는 선양회원 800여 명이 기부한 성금 8500만 원이 들어갔습니다. 단군 영정은 성전 건립 당시에 모신 것이고 위패는 '국조단군홍성제'라고 썼습니다. 매년 양력 개천절에 제례를 올리고 있습니다.

| 정읍 단군성전

3대 향교가 주관하는

개천제례의 전당

정읍은 동학농민혁명의 땅입니다. 조선 말 고부군수 조병갑의 학정이 극에 달하자 전봉준은 탐관오리의 횡포에 맞서 농민군과 함께 혁명에 나섭니다. 농민군은 황토현 전투에서 승리를 거두고 전주성을 점령합니다. 이에 조정은 외국 군대(청군과 일본군)를 끌어들이죠. 수십만 명의 농민군은 일본군의 총탄을 맞고 희생됐습니다. 봉건적 사회질서를 타파하고 외세의 침략을 물리치고자 했던 이들의 꿈은 미완으로 그쳤지만 이후 항일 독립운동으로 이어졌습니다. 애국정신이 투철한 정읍인들은 단군성전도 건립하였습니다. 정읍역에서 차를 타면 5분이면 도착합니다. 성전은 모촌마을 뒤편에 자리하고 있습니다. 근처에 전북 문화재자료 제81호 고암서원이 있습니다.

정읍 단군성전 현판

먼저 대형 버스가 주차할 수 있는 주차장도 갖춘 성전의 규모에 놀랐습니다. 정문은 홍익문(弘益門)으로, 계단을 높이 쌓아 성전의 위용을 드러냈습니다. 왼쪽은 회원들의 성금을 기록한 건립비가 있는데 그 숫자만 1000여 명에 달합니다. 다섯 개의 큰 비석은 1000만 원 이상의 고액 기부자들을 기린 것입니다.

홍익문은 외문 역할을 합니다. 안으로 들어가면 좌우로 동재와 서재 역할을 하는 전각이 있죠. 왼쪽은 제복과 제기 등이 있는 전사실입니다. 오른쪽은 회의실처럼 꾸며진 계화당입니다. 단군성전묘정비도 성전으로 올라가는 계단 오른쪽에 세워져 있습니다. 이제 내문인 숭모문으로 올라가는 계단을 지나 문을 열면 단군성전이 나옵니다. 성전은 정면 3칸 측면 2칸 팔작지붕입니다. 내부에는 단군 영정과 위패가 있는데, 영정은 2000년 당시 봉안한 것이고 위패는 '국조단군성제'라고 썼습니다.

역사를 살펴보니 정읍 단군성전은 1995년에 발기인 구성으로 시작하였습니다. 추진위원장은 송파 김인환 씨가 맡았지요. 2년 후 기공식을 하고 2000년 10월 3일 개천절에 준공식을 한 것입니다. 사업비만 6억9000만 원(국고 보조 5억2000만 원, 헌성금 1억7000만 원)에 달합니다. 성전의 제례는 정읍향교, 고부향교, 태인향교가 공동으로 주관하여 매년 양력 개천절에 유교식으로 올리고 있습니다.

한편, 성전 공사 때부터 지금까지 아내와 함께 성전을 관리하는 오금식 씨를 만났습니다. 그는 성전은 새로 지은 것이 아니라고 말했습니다.

정읍 단군 영정
63×120cm, 2000년

단군 위패

시내에 있던 것을 옮긴 것입니다. 일제시대부터 있었어요. 시청 바로 옆, 옛날 정읍중학교가 있던 자리입니다.

당시에는 단군성전 한 채만 있었다는군요. 건립비에는 나오지 않는 이야기입니다.[24] 오 씨는 1년에 세 번씩 성전 벌초 작업을 합니다. 방문객을 맞이하는 것도 그의 일과입니다. 그는 사람들이 성전을 찾는 것만으로도 보람된다고 웃으며 말했습니다.

에피소드 ❶

단군은 언제 승천했는가?

1993년 개천절을 앞두고 북한 중앙통신은 사회과학원이 최근 평양 부근에서 5011년 전에 묻힌 것으로 확인된 남녀의 유골을 발견했으며 이 가운데 남자의 유골은 한민족의 시조인 단군 유골임이 증명됐다고 보도했습니다. 북한 학자들은 유골의 연대 측정에 전자상자성공명법을 적용했다고 밝혔습니다.

이에 국내 학계는 일연의 『삼국유사』에 기록된 단군왕검의 고조선 개국보다 더 오래전에 단군이 출현했다는 점에 의문을 제기합니다. 무덤의 양식도 돌로 쌓은 고구려식의 돌칸흙무덤이라는 것이죠. 북한의 정통성을 강조하기 위한 정치적 목적이라고 보는 의견이 많았습니다. 단군 유골의 진위 여부는 남북한 공동으로 고조선을 연구하는 계기로 삼고 장기적인 학술 교류를 통해 밝혀 나가면 좋을 것입니다.[25]

중요한 것은 단군의 유골이 발견됐다는 '관점'이라고 생각합니다. 이는 단군도 인간과 마찬가지로 죽어서 묻혔다는 뜻입니다. 신화적인 존재가 아니라 역사적인 인물인 것이죠.

흥미로운 것은 단군의 죽음을 표현하는 방식이 문헌마다 차이가 있다는 점입니다. 유희령(柳希齡, 1480~1552)과 안정복(安鼎福, 1712~1791)은 『표제음주동국사략(標題音註東國史略)』과 『동사강목(東史綱目)』에서 단군의 죽음을 '훙(薨)'이라고 표기합니다. 왕의 죽음으로 본 것이지요. 반면, 북애는 천자의 죽음을 나타내는 '붕(崩)'으로 기록하였습니다. 정인보 또한 『조선사연구』에서 '붕'으로 썼지요. 그 차이는 역사관에 있습니다. 고조선이 조선 왕조처럼 제후국이었는가, 아니면 고구려처럼 대제국을 세웠는가라는 인식에 따라 통치자 단군의 죽음을 다르게 기록하고 있음을 알 수 있습니다.

그렇다면 단군 사묘에서 단군이 승천한 날을 3월 15일이라고 지정하고 이날을 어천절로 기리는 근거는 무엇일까요? 일반적으로 『환단고기』를 인용하는 경우가 많은데, 이보다 앞선 문헌이 있습니다. 1911년에 나온 『단조사고(檀祖事攷)』「내편」에 을미년(문헌비고), 기묘년(삼국유사), 경자년 설을 열거하였고 『단군교오대종지서』(1909)에는 정유년으로 기록되었습니다. 나철은 네 가지 가운데 경자년으로 확정한 것이지요. 이는 나철이 백봉교단의 백전에게 받은 『신사기』를 따른 것입니다.

나라를 연 후 93년에 일을 모두 마치시고 경자년 3월 15일에 환검께서 아사달에 들어가 다시 신이 되어 하늘에 오르셨다(開極九十三載, 事備功完乃於庚子歲三月十五日, 帝入阿斯達, 復爲神返于天).

어천절 행사는 개천절과 함께 대일항쟁기 임시정부 양대 기념일로 봉행하였습니다. 이승만, 안창호 등 기독교인들도 참석해서 "단군은 인류의 스승"이라며 "그의 가르침을 이어받은 우리는 배달민족"이라고 경축하였습니다. 광복 후에는 개천절만 국경일로 기념하고 있습니다. 현재 어천절은 대종교와 현정회를 비롯하여 지역 단군 사묘에서 거행하고 있습니다. 음력으로 지내느냐 양력으로 지내느냐가 다를 뿐입니다.

2장

충청도

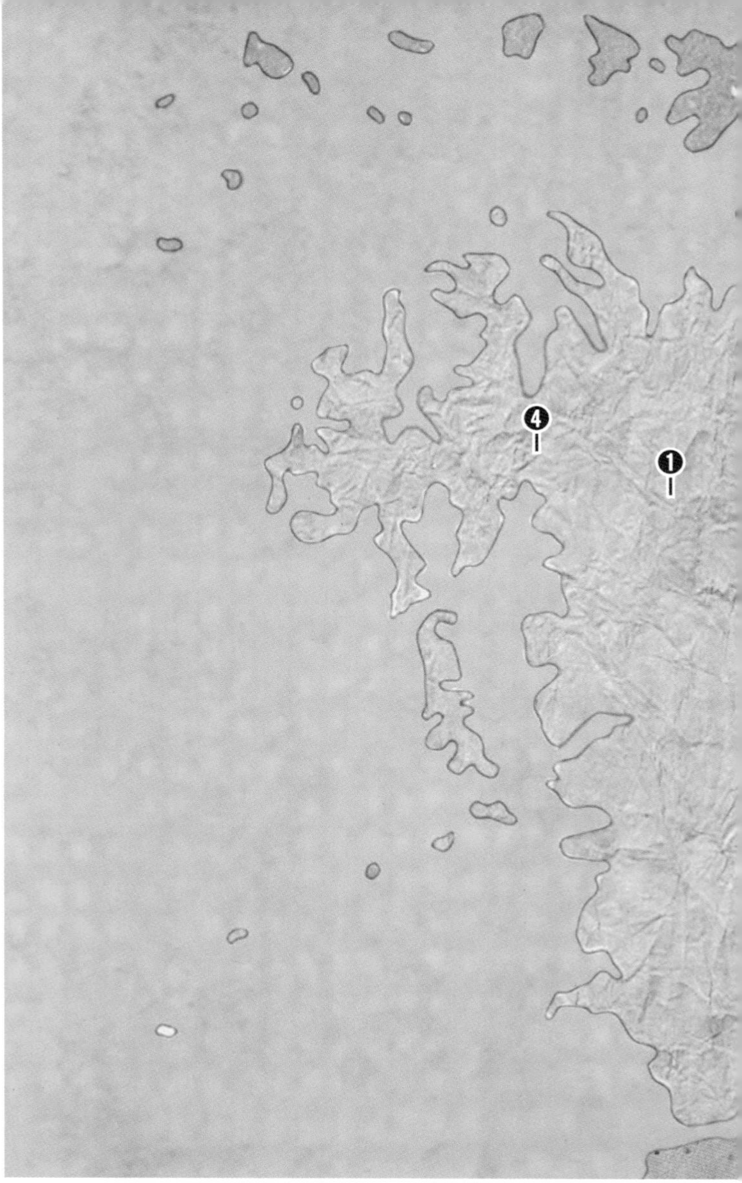

❶ 서산 와우리 단군전 – 서산시 운산면 단군전길 200
❷ 논산 개태사 창운각 – 논산시 연산면 계백로 2614-11
❸ 부여 장하리 천조궁 – 부여군 장암면 의자로 706번길 16-9
❹ 서산 옥녀봉 단군전 – 서산시 부춘공원 1로 40
❺ 논산 대종교 청동시교당 천진전 – 논산시 연산면 청동로 3길 57
❻ 공주 단군성전 – 공주시 무령로 154
❼ 공주 태상전 – 공주시 우성면 우성길 156-4

❽ 영동 선교(仙敎) 국조전 – 영동군 양산면 양산심천로 144
❾ 금산 참나도원 대웅전 – 금산군 복수면 송촌길 39
❿ 대전 서구 단묘 – 서구 정림서로 1번길 37-22
⓫ 충주 묵동마을 숭령전 – 충주시 주덕읍 묵동 2길 17
⓬ 증평 단군전 – 증평군 단군전길 13
⓭ 청원 은적산 단군성전 – 청원군 강내면 저산리 산 1
⓮ 괴산 흥천사 단군전 – 괴산군 연풍면 수옥정길 155

*

충청도는 독립기념관이 있고 나라 사랑의 정신이 서린 지역입니다. 3·1 운동에 참여한 김기석은 광복 후 사재를 털어 증평에 단군전을 건립합니다. 일제가 단군을 부정하고 전국 각지에 신사를 차려놓고 참배를 강요하자 독립운동가 김재형은 단군정신을 알리는 데 전력을 다하였고 광복 후 동지들과 청원군 은적산에 단군전을 건립하였습니다. 독립운동가 5명을 배출한 부여군 장하리에는 충남문화재로 지정된 단군영정을 봉안하고 있는 천조궁이 있습니다. 도민들에게 단군과 애국심을 알리고 있는 충청도 14곳의 단군 사묘를 만나보도록 하겠습니다.

| 서산 와우리 단군전

일제가 중단한 단군 제향을

복원하다

서산 와우리 단군전 현판

와우리는 풍수지리학적으로 두 마리 소가 버티고 있는 형국입니다. 한 마리는 누워 있고 다른 한 마리는 서 있죠. 원래는 와우현(臥牛峴) 또는 우현(牛峴)이라 했습니다. 1914년 행정구역 개편으로 오늘에 이르고 있습니다. 마을에는 소에게 먹이를 담아 주는 구시울이 있고 쇠꼴로 가장 좋은 띠풀이 무성하게 자라나는 띠말이 갖춰져 있습니다. 『서산시지』에 따르면 "서산에서 십승지(十勝地)라고 말한다면 와우리를 첫 번째로 꼽을 만하다"라고 밝혔습니다.

와우리 버스정류장 종점에 단군전이 있습니다. 첫인상은 축구장 크기가 될 만큼 넓은 공간입니다. 단군성전 부지가 1500평에 달합니다. 홍살문에서도 20m 이상 걸어가야 단군전을 맞이할 수 있는 숭앙문(崇仰門)이 나옵니다. 좌우는 동재와 서재가 자리하고 있죠. 동재는 행사할 때 손님을 맞는 공간이고, 서재는 봉안회 사무실이어서 제례복과 역대 봉안회 사진들이 있더군요. 첫 번째 사진 아래는 "유사(有司), 박용규(朴容圭) 밀양인(密陽人)"이라고 적혀 있습니다. 1대라고 하지 않고 유사라고 한 것은 봉안회가 조직을 갖추기 이전의 단계라서 그렇습니다. 일반적으로 유사란 향교나 서원 등에서 구성된 자생적 모임에서 사무를 맡아보는 직책입니다. 세 명의 유사를 거쳐서 네 번째부터 1대 회장이라는 직책이 생기죠. 최병기 회장은 11대에 해당합니다. 임기는 3년으로 하고 있습니다. 동재와 서재 두 곳은 정면 5칸과 측면 2칸의 맞배지붕으로 올렸습니다.

승앙문을 열면 '단군전(檀君殿)'이라는 현판이 걸려 있는 본당이 모습을 드러냅니다. 정면 3칸, 측면 2칸의 이익공 겹처마 팔작지붕 건물입니다. 주위로는 담장이 둘러져 있고 단군전 내에는 단군 영정과 제단이 마련되어 있습니다. 그런데 영정은 모사본이며 원본은 금고에 보관하고 있습니다. 그렇다면 영정은 언제부터 봉안한 것일까요?

서산 와우리 단군 영정
38×54cm, 1913년

부졸(副卒)로 있던 김용학(金容學)이 대종교를 중광한 나철의 단군 영정을 모시고 모촌마을로 내려와 초가를 짓고 천진궁(天眞宮)이라고 하였습니다. 김용학은 이곳에서 봄가을에 단군 제향을 올렸으나 일제의 탄압으로 중단되었고, 광복 이후 지역 유지들의 협조를 얻어 천진궁을 다시 세웠지만 당시의 천진궁은 남아 있지 않습니다. 현 단군전은 1987년 운산면에서 새로 건립한 것입니다.[1] 봉안회 측은 김용학이 대종교 지교(知教)라는 직함으로 대종교 남도본사로부터 받은 서류를 소장하고 있습니다.[2]

반면, 이강오는 1913년 서산 출신 이민걸(李敏杰)이 처음으로 단군전 건립을 시작했다고 주장하였습니다. 이민걸은 조선 말 중추원 주사를 지냈던 인물이죠. 서울에 구직하러 갔다가 나철을 만나 대종교에 입교한 것이 계기가 되어 자택에 단군 영정을 봉안하고 이민갑 등 수 명의 교인을 얻었다고 합니다. 일제의 감시가 심해지자 1913년 이민갑은 인적이 드문 깊은 산골인 모촌마을에 산막 같은 주택을 짓고 정인채를 입주시켜 민가로 가장한 다음 비밀히 벽장 속에 단군 영정을 봉안했다고 합니다.[3] 하지만 와우리봉안회 측은 이민걸의 존재를 모른다고 밝혔습니다.

단군 영정은 나철이 영정을 보진재에서 석판으로 인쇄하여 보급할 때 와우리 단군전 설립자가 1913년에 가져온 것입니다. 봉안회는 1년에 두 번 음력 어천절과 개천절에 단군 제례를 유교식으로 치릅니다.

| 논산 개태사 창운각

후천의 운을 열려면

단군을 모셔라

논산시의 대표적인 역사관광지인 개태사(開泰寺)는 고려 태조 왕건이 후삼국을 통일하고 지은 사찰로 유명합니다. 936년 황산군의 마성(馬城)에서 후백제의 신검(神劍, ?~936)이 항복하죠. 견훤이 완산주에서 후백제를 세운 지 36년 만입니다. 왕건은 후삼국 통일의 공(功)을 부처와 산신에게 돌리고 이를 기리기 위해 개태사를 건립한 것입니다. 『고려사』「태조세가」 19년 조를 살펴보면 "이 해에 광흥사, 현성사, 미륵사, 사천왕사 등을 창건하고 또 개태사를 연산에 세웠다"라고 기록하고 있습니다. 4개의 절은 개경이나 인근에 건립했지만 개태사는 수도에서 떨어진 곳에 세웠죠. 그만큼 중요하다는 뜻입니다.

개태사 창운각 현판

개태(開泰)는 태평의 시대를 연다는 뜻입니다. 오랜 전쟁을 끝내고 평화와 번영을 염원한 것이죠. 이어 황산을 하늘의 보호를 받은 산이라고 하여 천호(天護)라고 바꿨습니다.

현재 개태사는 충남 논산시 연산면 천호산에 있는 사찰로, 고려 태조가 창건했지만 조선시대에는 퇴락하여 폐사로 있던 것을 김광영(金光營, 1883~1969)이 중건한 것입니다. 2017년에 개태사를 찾았을 때 정문에서 개태사 오층석탑 너머로 창운각(創運閣)이 보였습니다. 그러고 보니 중앙입니다. 보통 사찰의 중심은 석가모니를 모신 대웅전입니다. 그런데 단군을 모신 창운각이 중앙을 차지해서 흥미로웠습니다. 설립자 김광영에 관해 알아보겠습니다.

당시 천호리에 살던 김광영은 43세 때 꿈에 나타난 관음보살로부터 "본래 내가 셋이었다. 나머지 둘을 찾아 달라"는 계시를 받습니다. 그는 개태사 터에 묻혀 있던 석불(石佛) 세 개를 찾아내서 본래 위치에 복구한 뒤 사찰을 중건하고 주지가 되었습니다.[4] 중건 이후 개태도광사(開泰道光寺)라 부르기도 했으나 최근에 다시 개태사라 하였습니다.

개태사 단군 영정
45×128cm

김광영은 1947년 3월 3일에 창운각을 세우고 단군을 봉안하여 정부 수립을 기원합니다. 창운각은 야산(也山) 이달(李達, 1889~1958)의 시주로 세운 것입니다. 이달은 경북 김천 출신으로 주역을 연구하여 홍역학(洪易學)을 정립합니다. 대둔산에서 홍역학회(洪易學會)를 창립해서 108명의 제자를 키웠죠. 훗날 부여로 이주한 후에는 삼일학원(三一學院)을 세워 단군을 받들며 제자를 양성한 인물입니다.[5] 정역을 창시한 김일부(金一夫, 1826~1898)와 쌍벽을 이뤘고, 주역의 대가 김석진(金碩鎭, 1928~)의 스승입니다. 김광영은 대둔산에서 제자들을 가르치고 있던 이달을 찾아가 절에 해인이라는 도장이 있는데 풀이해 달라고 하였습니다. 이 인연을 계기로 창운각에 단군을 봉안하게 됐습니다.[6]

창운각에서 창운(創運)은 후천의 운을 개창한다는 뜻입니다. 야산은 1947년을 선천(先天)이 끝나는 해, 1948년을 후천(後天)이 시작되는 해로 보았죠. 대둔산과 계룡산의 중간에 있는 개태사를 선천과 후천을 이어 주는 곳으로 여겨 단군을 봉안했던 것입니다. 그해 9월 9일 상량식을 거행하였고 12월 8일 입택식(入宅式)을 하였습니다. 창운각은 본래 용화보궁의 오른쪽에 있었죠. 팔작지붕으로 건물을 지었으며 방도 8도를 상징해서 여덟 칸을 만들고 그 한가운데 단군을 봉안하였습니다.

김광영 공덕비

창운각 내 단군 영정은 설립 당시의 것은 아닙니다. 현재 영정은 김광영 공덕비를 쓴 정봉화 대종교 전 삼일원장이 가져온 것이라고 합니다. 신불사 설립자 한산 대사는 "정봉화 원장은 김광영 보살과 친하였다. 개태사 이사장을 맡았다. 영정은 대종교 삼일원장 시절에 새로 모신 것"이라고 말하였습니다. 영정 왼쪽에는 『천부경』이 있고, 오른쪽에는 백두산 천지 사진이 걸려 있습니다. 이 사진은 문화일보 사장이던 이규행(李揆行, 1935~2008)이 1994년에 기증한 것입니다.

창운각에는 영정 외에도 관운장, 석가여래좌상이 있죠. 관운장은 환난을 물리치기 위해 모신 것입니다.[7] 불상 아래는 '남북통일 세계평화'라고 썼습니다. 그런데 사찰에서는 창운각보다 정법궁(正法宮)이라고 부릅니다. 창운각 현판 왼쪽에 있는 정법궁 현판에는 갑인년(1974년) 5월 4일에 조성했다고 밝혔습니다. 창운각 이후 부처를 중앙으로 모시면서 정법궁으로 바뀐 것으로 추정됩니다. 정법궁은 사찰에서 대웅전 역할을 하고 있습니다. 개태사 측은 2018년에 정법궁을 헐고 대웅전을 신축하였습니다.

한편 창운각에서 아침저녁으로 분향을 올리는 의식을 하였습니다. 어천절, 불탄절(佛誕節), 개천절을 기념일로 삼았죠. 의식 진행은 불교식에 준하여 행하였지만, 김광영 사후 절의 소속은 불분명하였습니다. 2008년에 대한불교조계종 개태사로 등록됐고 현재 개태사에서 단군 관련 제례는 거행하지 않습니다.

| 부여 장정마을 천조궁

독립운동가, 강우 선생의

나라 사랑

부여 천조궁 현판

부여는 백제의 옛 수도입니다. 거리에는 성왕과 계백 장군 동상이 1400년 전의 역사를 전하고 있습니다. 하지만 부여라는 이름이 예사롭지 않습니다. 일각에서는 고구려에서 갈라져 나온 백제가 대륙 국가 부여를 계승한 것으로 해석하는데요. 단군의 네 아들 중에 부여와 부소가 있다는 점입니다.[8] 따라서 부여가 국호이고 부소는 산의 지명으로 남아 있는 것은 단군 문화로 볼 수 있을 것입니다.[9] 그런데 이름만이 아니라 실제로 단군을 알리는 마을이 있습니다. 장정마을이 그것이죠. 이곳의 입구는 애국지사 추모비가 정문 역할을 하고 있습니다. 한 마을에 다섯 명의 애국지사(강우, 강성구, 강성모, 강철구, 강병국)가 배출된 마을로 전국에서도 손꼽힙니다. 그만큼 자랑스러운 마을이지요.

강종모 이장과 천조궁으로 이동했습니다. 천조궁은 퇴인봉 서쪽 자락에 서남향으로 지었다고 하는데 멀지 않았습니다. 마을버스 정류장에서 5분 정도 걸으면 됩니다. 사당 앞은 주차장으로 사용할 수 있는 넓은 공간이 눈에 띕니다. 장정야학 건물이 있었던 자리였습니다.

계단을 오르면 붉은 바탕에 검은 해서체로 '개천문(開天門)'이라고 쓴 현판이 걸린 정문입니다. 좌우로 대나무가 있는데, 개천절이 되면 태극기와 원방각 깃발을 세운다고 합니다. 문을 열자 단군사당이 모습을 드러냈습니다. 현판에는 붉은 바탕에 검은 전서체로 '천조궁(天祖宮)'이라고 쓰여 있습니다. 천조궁이라고 하지만 천진전, 단군전, 단군사당 등으로 다양하게 부르고 있습니다.

독립운동가 강진구(姜鎭求, 1884~1957)가 1949년 천조궁을 건립하여 1920년경 부친 강우(姜虞, 1862~1932)[10]로부터 물려받은 천진을 모신 것에서 유래하고 있습니다. 천조궁은 솟을대문 형식의 삼문을 세웠습니다. 내부에 사당 기단 터를 마련했고 그 위에 정면 3칸, 측면 1칸, 툇간둔 건물로 겹처마 맞배지붕을 올렸는데 납도리식으로 가구한 구조입니다. 부여군 향토유적 제43호입니다.

현재 천조궁 내 천진은 사본이고, 원본은 강우의 후손이 국립부여박물관에 위탁하여 보관하고 있습니다. 천진은 금빛 비단에 전신을 엷게 채색하여 그렸습니다. 충남 문화재자료 제369호입니다. 단군 영정 가운데 문화재로 지정된 유일한 영정입니다.

먼저 강우에 관해 알아보겠습니다. 그는 어려서부터 한학을 공부하였고 향리에 천영학교를 설립하여 인근 자제들을 교육하였습니다. 1909년 나철과 함께 대종교를 중광한 동지입니다. 1914년에는 나철의 명을 받고 백두산에서 천제를 올렸고 1918년에는 교주 아래의 최고위 직책인 사교(司敎)에 임명됐습니다. 그의 세 아들(강진구·강철구·강용구) 또한 대종교 신자이자 독립운동가입니다.

대종교는 1911년 총본사를 백두산으로 이전하고 산하에 동서남북 4도본사를 설치합니다. 동만·노령·연해주·함경도를 주관하는 동도본사 주관자는 1920년 청산리대첩을 이끈 북

로군정서 총재 서일(徐一, 1881~1921)이었고, 남만·중국·몽골·평안도를 주관하는 서도본사는 독립운동가 신규식(申圭植, 1879~1922)과 임시정부 주석을 역임한 이동녕(李東寧, 1869~1940)이 맡았습니다. 북만·흑룡강성을 주관하는 북도본사는 이상설(李相卨, 1870~1917)이었고, 전라도·경상도·강원도·충청도·황해도를 주관하는 남도본사 주관자는 대종교의 강우였습니다. 장정마을이 있는 부여군은 남도본사에 해당합니다.

부여 천조궁 천진
(원본) 34x53cm

강우의 영향력은 서거 때 언론과 지역사회에서 보여 준 관심에서 알 수 있습니다. 1932년 3월 30일 자택에서 서거하자 당시 언론은 "대종교 거두의 별세"라고 연일 보도할 정도였지요. 장례식에는 1000여 명의 조문객이 운집했습니다. 묘소는 부여읍 가증리 34-1번지 봉동산 기슭에 서남향으로 있습니다. 대한민국 정부는 그의 공훈을 기려 건국훈장 애족장(1990년)을 추서했습니다.[11]

강우의 장남 강진구는 대종교 중진 중의 한 사람이며 호는 소석(小石)입니다. 1909년부터 대종교를 신봉하였고 1919년 만주로 건너가 독립운동을 하였습니다. 1922년 참교(參敎)로 임명되었으며 1946년 지교, 상교(尙敎)로 승질하였고, 1950년 정교(正敎)로 승질함과 동시에 대형(大兄)의 호를 받았습니다.[12]

광복을 맞아 내 나라 내 민족을 찾은 기쁨과 강우의 애국

활동에 감화를 받은 주민들이 강우의 뜻을 받들어 단군전을 짓자는 발의를 하였습니다. 이때 진주강씨 문중이 호응하였습니다. 강진구의 사재와 강씨 문중의 자산, 주민들의 성금을 합하여 1949년 10월 3일 단군전을 건립한 것입니다. 단군전 낙성식(落成式)에는 1만여 명이 운집한 가운데 당시 이시영 부통령이 제주(祭主)를 맡고 강진구가 전의(典儀)를 맡아 성대한 축전을 거행하였습니다.[13]

강 이장의 말에 따르면 2003년 이전까지 개천절과 어천절 양대 행사를 개최했지만, 지금은 개천절만 지내고 있다고 합니다. 제례는 대종교 전통 방식을 따르고 관리는 마을에서 공동으로 합니다.

| 서산 옥녀봉 단군전

서산팔경에 자리한 단군전,

개방하다

부춘산 줄기인 옥녀봉에서 아침 햇살이 송림 사이로 비춰 들 때의 아름다움을 서산 8경 중의 하나로 꼽습니다. 이곳에 단군전(읍내동 산2-2)이 있습니다. 가는 방법은 쉽습니다. 서산시청이 인근에 있고, 하루 1000명 이상 등산하는 부춘산 테마공원에 자리하고 있습니다.

서산 옥녀봉 단군전 현판 1964년

홍살문 계단을 올라서 숲길을 한참 걸어가면 단군전이 나옵니다. 외삼문과 내삼문을 지나 본전으로 들어가지요. 안내판을 살펴보니 "뜻있는 주민들이 힘을 모아 1954년 10월에 본 전각을 건립하고 영정을 봉안하여 매년 어천제와 개천제를 지낸다"라고 밝혔지만 연대가 틀렸습니다.

문훈모 단군봉안회 회장은 "1964년에 건립했다. 1954년이라고 한 것은 잘못된 표기"라며 "1950년에 전쟁이 났다. 전쟁 끝나고 건물을 세우지 못했다. 1957년에 사단법인 단군봉안회 인가가 났고 단군전을 건립하자고 해서 만들어진 것"이라고 말했습니다.

사당은 정면 3칸, 측면 2칸의 규모로 맞배지붕 양식을 하고 있습니다. 1913년에 지어진 서산 와우리 단군전은 외진 곳에 있던 관계로, 국회의원 나창헌(羅昌憲)이 서산 옥녀봉 중턱에 단군전을 짓기로 발의하였습니다. 김동윤(金東潤)이 1964년 거액을 희사하여 단군전 본관이 완성되고 최호와 김동윤의 희사로 재실과 수복실을 건립했습니다.[14] 사당 내 영정은 오랫동안 대종교에서 받은 단군 영정을 모셨다고 합니다. 현재 영정은 현정회 단군 영정을 바탕으로 문 회장이 지인을 통해 최근에 그린 것입니다. 위패는 대전 단묘 위패를 모사하여 제작하였다고 밝혔습니다.

단군전 대지는 7120㎡ 에 달합니다. 사당에는 1964년 안인식(安寅植)이 쓴 '단군전 창건기'와 1964년 김동윤이 쓴 '단군성조 영정각 창건사' 현판이 걸려 있습니다. 1975년 '단군전 중수기' 현판도 있습니다. 1967년에 세운 김동윤기념비는 홍살문과 가까운 곳에 자리하고 있습니다.

문 회장은 단군전과 인연을 맺은 지 30년이 넘습니다. 그는 단군전을 단군제례를 위한 공간만이 아니라 '시민 공간'으로 개방하고 있다고 말하였습니다.

서산 옥녀봉 단군 영정

단군 위패
'국조단성지위'

> 우리는 종교적 색채를 거의 갖지 않습니다. 유불선을 막론하지요. 학교에서 견학을 오기도 하고 음악회도 열었습니다. 어느 단체든 행사를 하겠다면 흔쾌히 (공간을) 개방하고 있습니다.

서산 옥녀봉 단군전은 와우리 단군전과 달리 양력으로 개천제와 어천제를 지냅니다.

| 논산 대종교 청동시교당 천진전

3대 지킴이가 잇는

홍익정신

대종교는 전국 각 지부 역할을 시교당이 하고 있습니다. 이 가운데 논산에 있는 청동시교당은 역사가 반세기가 넘을 만큼 오래됐습니다.

시교당을 찾은 2017년 11월 24일은 함박눈이 내렸습니다. 12월이 오기 전에 온 세상을 수놓은 눈을 밟으며 설레는 마음으로 시교당을 방문하였지요. 86세 김영례 전무(典務)가 여동생과 함께 필자를 반갑게 맞이합니다. 한옥으로 잘 지은 천진전에는 대종교에서 받은 천진(단군 영정)을 모셨고 좌우에는 한반도 형상의 무궁화를 세웠습니다. 시교당 설립자 이백임(李白任) 영정과 제단도 한쪽에 마련되어 있습니다. 외부에는 천종각, 『천부경』 비석, 건립비문 등이 있습니다.

논산 청동시교당 천진
개천탑

먼저 시교당의 역사를 살펴보겠습니다. 논산 출신 이백임이 1960년 시교당 인가를 받고 신도들의 성금을 모아 자택의 동편에 천진전을 신축하고 단군 천진을 봉안한 것에서 유래합니다. 이백임은 1966년 마을 뒷산(거북산)에 원방각형의 개천탑(일명 단군탑)을 쌓고 그해 10월 3일 개천절 제례를 거행하였지요. 개천탑은 대종교의 교리 삼진을 원방각으로 해석해서 그에 맞춰 화강암을 사용하여 밑에서부터 원방각형으로 석축을 쌓은 것입니다.[15] 그러나 개천탑은 허물어졌고 당시의 사진만 시교당에 남아 있습니다. 성전 또한 남아 있지 않았고 이후 천진은 시교당 방 한쪽에 모셨다고 합니다. 그러다가 2015년 10월 24일 천궁을 건립한 것입니다. 16평 규모로 정면 3칸, 측면 2칸의 팔작지붕 건물입니다. 천궁 건립비에는 추진위원장과 위원들의 명단이 있지만, 상당한 금액의 건립 기금을 낸 이는 김영례 전무입니다.

천종각

김 전무는 30대 후반에 우울증을 앓다가 시누이를 따라 시교당을 다니자 마음이 안정되고 집안도 편안해져서 계속 다니게 됐다고 합니다. 그 세월이 50년이 넘습니다. 1대(이백임)와 2대(이채린)에 이어 3대 전무를 맡게 된 것이죠. 죽기 전에 단군사당을 세우는 것이 소원이라는 김 전무는 노량진 시장에서 장사하면서 번 돈을 모두 건립 기금으로 냈다고 합니다.

논산 청동시교당 천진전 현판 2015년

청동시교당에서는 매년 음력 어천절과 개천절에 제례를 올리고 있습니다.

| 공주 단군성전

유지들이 민족정신을 선양하다

공주 단군성전 현판
김응현 글씨, 2001년

금강이 흐르고 백제 무령왕릉이 발굴된 문화의 도시, 공주는 우리나라의 대표적인 역사관광지입니다. 국립공주박물관, 공산성, 충청남도역사박물관 등이 관광객들에게 유물과 문헌을 통해 이 고장의 찬란한 역사를 알려주고 있지요. 그런데 이곳에 2개의 단군성전을 건립한 역사는 잘 알려지지 않았습니다. 공주 단군성전과 태상전이 그것입니다. 태상전이 사묘보다 3년 앞서 건립되었지만 사묘 건립운동은 태상전보다 28년 앞서 시작했다는 점에서 공주 단군성전부터 살펴보겠습니다.

윤석조 단군성조봉향회장의 안내를 받고 성전을 향하였습니다. 성전은 공주시내 구도심인 강남을 동서로 관통하는 무령로와 봉황산(鳳凰山, 해발 147m) 사이의 언덕 위에 자리하고 있습니다. 성전 왼쪽으로 등산로가 있습니다.

봉황산은 역사가 깊습니다. 조선시대 선화당(宣化堂)의 터가 있던 주산(主山)입니다.[16] 선화당은 충청도관찰사(현 도지사)가 집무하던 곳을 말하며, 봉황이 알을 품고 있는 봉조포란형(鳳鳥抱卵形)의 지세에서 산 이름이 유래하였습니다. 봉황은 오동나무에 살면서 예천[醴川, 감천(甘泉)]의 물을 마시고 대나무 열매를 먹고 산다고 합니다. 천자 또는 왕권을 상징하죠. 또, 지명으로 반죽동(班竹洞)이라고 한 것은 봉황이 대나무 열매를 먹고 살기 때문입니다. 주위를 둘러보면 공주교동초등학교, 공주여중, 공주대사범대학부속고등학교 등 학교가 많더군요. 인재 양성의 요람임을 알 수가 있습니다.

단군성전은 버스가 들어올 수 있는 주차장도 갖출 만큼 꽤 넓었습니다. 계단을 올라 홍살문을 지나 단군성전을 만났습니다. 성전의 기둥은 가운데 부분이 볼록하게 나왔습니다. 고려시대 건축 양식인 배흘림으로 만들었다고 합니다. 현판은 한국 근현대 서예의 대가 중 한 사람으로 꼽히는 김응현(金應顯, 1927~2007)의 작품입니다. 신발을 벗고 안으로 들어가 커튼을 펼치니 검은 수염을 늘어뜨린 단군 영정이 모습을 드러냈습니다. 현재 표준 영정으로 대종교와 현정회의 영정이 있는데, 현정회 표준 영정과 같은 유형입니다. 윤 회장은 예담이라는 호를 가진 공주 출신 여성 화가가 그린 것이라고 말했습니다. 신위는 '조선국창건단군성조'라고 썼더군요.

공주 단군 영정
63×120cm, 2000년

단군 위패
'조선국창건단군성조 신위'

주목할 것은 단군성전 뒤쪽에 자리한 신단표석이 두 개입니다. 오른쪽 표석은 1967년 공산성 안에 설단(設壇)한 것을 원형 그대로 이전한 것이고, 왼쪽 표석은 1981년에 건립한 단군성전신단비문입니다.

이 비문을 보면 단군성전의 역사를 알 수 있습니다. 성전 건립의 시작은 봉황산이 아니었습니다. 공주의 유생들은 항상 단군 제향을 논의하다가 1964년부터 단군성조봉향회(초대 회장 박윤교)를 조직하였습니다. 이어 1967년 공산성에 비석과 제단을 마련하고 개천제전을 거행하였습니다. 이듬해 봉향회는 단군성전 건립 운동을 벌입니다. 당시 취지문입니다.

공주 단군성전 신단

> 역사적인 단기 4300년을 기념하는 개천절을 기하여 단군성전(檀君聖殿, 開天宮)을 건립하고 개천절에 봉제할 수 있도록 거시적인 운동을 전개하여 국조의 성덕을 추모하여 민족정기를 선양함으로써 국가 사회 발전에 이바지하고자 하는 바입니다.

이 운동에는 박 회장을 비롯해 임원 50여 명이 함께하였습니다. 또 다른 명단에는 정치계, 교육계, 문화계 인사들이 나옵니다. 흥미로운 것은 그들 가운데 안호상 초대 문교부 장관이 등장한다는 점입니다. 앞서 단군 사묘 역사에서 밝힌 것처럼 서울 삼청공원에 진행하려던 민족관 건립 계획의 영향이 공주에도 끼친 것으로 보입니다. 왜냐하면 취지문을 작성한 단체명이 개천궁공주시봉찬회로 적혀 있기 때문이죠.[17] 개천궁은 안호상 회고록에서 밝힌 것처럼 민족관의 또 다른 이름입니다.[18]

당시 박 회장과 임원이 앞장서 벌인 단군성전 건립의 꿈은 이루지 못하였습니다. 1981년 서상모 회장과 임원, 지역 주민이 힘을 모았습니다. 공주향교에서 소유 부지인 봉황산록(공주시 반죽동 산2-1)을 영구임대로 제공하였고 봉사단체의 지원을 받았습니다. 천제를 지낼 단군성조 신단을 그해 4월 6일에 건립했습니다. 그들은 "단군의 성덕을 기리고 영원히 후손에 물려주자"라며 한마음으로 참배했습니다.[19] 함께 둘러본 윤석조 단군성조봉향회장은 이렇게 말했습니다.

> 성전을 건립하려는 데 돈이 없으니까 단만 세웠던 거예요. 민간단체에서 했는데 힘이 든 거지. 공주의 유지들이 민족정신을 선양하기 위해 노력한 것이죠.

1998년 9월 6일 조태복 회장은 단군성전 기공식을 개최했습니다. 3년 만인 2001년 10월 3일 개천절에 준공식을 거행하였습니다. 건물은 정면 3칸, 측면 2칸의 팔작지붕 형태입니다. 성전 규모는 전체 면적 3000평이고 부지는 660평입니다. 홍살문, 담장, 주차장 등을 구축하였습니다. 당시 이사로 참여했던 윤 회장은 "성전 건립비용으로 10억 원은 들어간 것 같다"라고 말하였습니다.

이 밖에 성전 앞에는 단군성전 시공과 설계 등을 담은 단군성전건립비와 단군성전표석 등이 있습니다. 단군성조봉향회에서 매년 양력 개천절에 유교식으로 제향을 올립니다.

| 공주 태상전

단군왕검부터 대통령까지 한 자리에

이현주 태상전봉향회장의 안내를 받고 찾은 성전은 우성면 상서리 도로가에 있습니다. 홍살문을 지나면 정문 앞에 두 개의 흰 사자상이 수호신처럼 지키고 있습니다. 입을 벌리고 포효하는 모습이 인상적입니다. 다른 단군 사묘에서는 볼 수 없는 일일 것입니다. 담장으로 둘러싸인 성전은 정면 3칸, 측면 2칸의 팔작지붕 건물이고 8평 규모입니다. 현판은 '태상전(太上殿)'으로 하였지만 누가 썼는지 알 수 없습니다. 실내에 고조선을 건국한 단군왕검 영정을 세웠고 좌우로 고구려, 백제, 신라, 발해, 고려, 조선 등의 역대 왕과 대통령 등 205명의 위패를 모셨습니다. 이 회장의 말로는 나라에 충성하고 부모에게 효도하자는 취지에서 건립한 것이라고 합니다. 성전 입구에는 건립비문과 안내판이 있지만 건립 경위는 자세히 알 수 없었습니다.

공주 태상전 현판

태상전 건립을 주도한 오정영(1929~2008)의 아들인 오재고 씨를 통해 선친의 자서전을 확보할 수 있었습니다. 오정영의 자서전에 따르면 단군을 모시기로 한 시기는 1992년입니다. 당시 노인회장이었던 그는 태상전창건추진위원회를 결성하고 우선 노인회 기금을 사용하여 건설을 추진합니다. 해평오씨 문중 소유의 토지를 태상전 건립 부지로 삼죠.[20] 단군 영정은 오 회장의 일가친척인 오창석 화백에게 의뢰한 것입니다. 1년 만에 그림이 완성됐고 150만 원을 줬지만 오 화백은 봉사도 할 겸 재료값만 받겠다며 50만 원은 돌려줬다고 합니다. 그림 색은 몇 백 년이 지나도 변색이 되지 않는 물감으로 그린 것입니다.[21] 실물로 확인하니 유화로 잘 그렸고 보존 상태도 좋았습니다.

오정영 등은 1994년부터 노인회관에서 단군 영정을 모시고 제사를 지냈습니다. 이듬해 문화전승관을 회관 2층에 지었고 1996년부터는 공주시장이 참석한 가운데 정식으로 단군 제사를 올립니다. 이어 위패를 구하러 나섭니다.

공주 태상전 단군 영정

국조이신 역대 왕 201명의 위패를 모실 생각으로 위패를 구하러 나와 시영, 길영 3명이 전북 남원까지 가서 230개를 개당 7천 원씩 맞추었다. 우리 민족의 시조인 고조선의 초대 왕 영정을 모시고 다음 왕부터는 위패를 모셔 놨다.[22]

영정은 나란히 놓고 위패는 먼지가 들어가지 않게 유리관에 모셔 놓았습니다. 그만큼 정성이 많이 들어갔음을 느낄 수 있습니다. 다음은 단군 영정을 모실 전각을 지으려 하니 노인회만으로는 역부족이었습니다. 오 회장은 정석모(鄭石謨, 1929~2009) 국회의원을 만나 건립 취지를 말하고 정부 자금을 우선 1억 원만 지원해 달라고 부탁하였고, 정 의원은 좋은 일을 한다며 도청과 시청을 통해 적극적으로 협조하였습니다. 1998년 공주시에서 5000만 원을 후원받아 1차로 태상전을 지었고 1999년에는 도청에서 2500만 원의 보조금이 나와 2차 공사를 하였습니다. 오 회장에 따르면 공사금은 정부 지원금 7500만 원, 자체 부담금 6470만 원, 총 1억3970만 원이 들어갔다고 밝혔습니다.[23]

1998년 10월 『공주신문』은 1차 태상전 건립 당시에 시 보조금 이외에 노인회에서 십시일반으로 모금한 2000여만 원과 오 회장이 1000만 원을 기탁했다고 보도한 점을 볼 때, 오 회장은 태상전 건립에 누구보다도 앞장선 인물임을 알 수 있습니다. 비석도 그가 만든 것입니다.

태상전 제례는 공주시 유림회에서 맡고 있습니다. 매년 음력 10월 3일에 초헌은 공주시장이 하고 아헌은 시의회 의장, 종헌은 이장 혹은 봉안회장이 맡아 단군 제향을 올리고 있습니다.

| 금산 참나도원 대웅전

독립운동가 후손,

북한 단군 영정을 모시다

인삼으로 유명한 금산군에도 단군을 모신 사묘가 있습니다. 금산버스터미널에서 김상준 참나도원 부원장을 만나 차를 타고 행선지로 향했습니다. 도착하자 김 부원장은 참나도원 자리가 명당이라고 자랑하였습니다. 백마산(해발 460m)이 보이고 주위로는 유등천이 흐릅니다. 풍수지리를 모르더라도 경치가 좋더군요. 참나도원은 금산군민을 위해 기도하는 사찰이지만 개천절에는 대전광역시로 나가서 단군을 알리는 일을 합니다. 참 드문 일이지요. 그 사연이 궁금했습니다.

금산 참나도원 대웅전 현판

서울 출신 이상주(본명 이상숙) 원장은 대전 보문산에서 수행하던 중에 가족들과 협의해서 참나도원을 창설하였습니다. 참나도원은 대한신불교천우종 수도정사 포교원이고 우리문화선양회(옛 단군정신선양회) 대전충남연합지부이기도 합니다. 단군과 인연을 맺은 것은 아무래도 집안의 영향이 있지 않겠느냐는 것이 이 원장의 말입니다. 알고 보니 그녀는 독립운동가 이종헌(李鍾憲, 1980~1957)의 후손입니다. 독립운동가와 단군은 떼려야 뗄 수 없는 관계입니다. 조국을 구하기 위해 국조를 모시며 한국인의 정신을 잃지 않으려는 애국지사가 많았기 때문이죠. 이 원장은 불교를 신앙하면서도 여러 기도처에서 지인을 통해 단군을 알게 됐다는 말도 덧붙였습니다.

성전은 2004년 충남 금산군 복수면 곡남리 한 동산을 구입하면서 건립하기 시작하였습니다. 2006년 12월에 준공한 대웅전 건평은 120여 평으로 전면 3칸, 측면 2칸의 2층 콘크

오석과 천부경비

리트 기와지붕 형태입니다. 대웅전 현판은 좌우에 천지인을 뜻하는 원방각을 새겼더군요.

1층에는 삼존불(미륵불, 지장보살, 관세음보살)이 있고 좌측에 아미타불, 화엄신중단, 조상신명단이 있습니다. 2층에는 단군 천진을 봉안하였는데 단군의 계시에 따른 것이라고 이 원장이 밝혔습니다. 천진은 2006년 북한 최고의 미술 창작 단체인 만수대창작사 소속 김영일 화가가 그린 것으로 백두산 천지가 배경입니다. 단군 천진은 돌가루를 입힌 것이 특징입니다. 김영일 작가는 만수대창작사 1급 예술가로 알려져 있습니다.[24] 참나도원 천진은 현존하는 단군 영정 중에 가장 규

모가 큰 것으로 추정되는데, 세로는 1.62m이고 가로는 3m에 달합니다. 단군 천진 좌우로 태극기와 참나도원 회원이 십자수로 만든 『천부경』이 있습니다. 대웅전에서는 매월 초하루와 보름에 천제가 봉행되며, 교육도 이루어집니다. 대웅전 뒤에는 지기(地氣)를 누르기 위해 보령 오석(烏石)과 『천부경』을 새긴 비석을 각각 세웠습니다. 그 외 삼성각과 요사채 2동이 있습니다.

금산 참나도원 단군 영정
김영일 그림, 2006년

참나도원은 매년 어천절, 부처님오신날, 개천절을 거행하고 있으며, 2011년부터 단군정맥[25]과 함께 대전중구문화원에서 개천대제를 대외적으로 개최하고 있습니다.

| 대전 서구 단묘

꿈속에서 만난

환인, 환웅, 환검

대전 시내에서 좀 벗어난 외곽에 자리한 단묘를 찾았습니다. 이곳의 관리는 한학자 조병호(1914~2005)의 손자인 조금상 씨가 맡고 있습니다. 그는 '단군'을 찾고 싶다는 필자에게 이름부터 정정할 것을 요구했습니다. 고조선을 건국한 이는 단군(檀君)이 아니라 단제(檀帝)라는 것이죠. 단군을 황제로 보는 시각은 조부의 영향입니다.[26]

단묘는 원래 충남 계룡시 신도안면 남선리에 있었습니다. 남지훈(1918~1997)이 1964년에 건립한 것입니다.[27] 620사업(계룡대 신도안 이전)으로 1984년 군사 시설이 들어서자 현 위치(대전광역시 서구 정림동 52)인 매봉산 아래로 이전한 것이죠. 남지훈은 충남 한산 출신으로 예산에서 성장했습니다. 20대에 남편과 사별했고 슬하에 자식은 없었습니다. 남 여사는 친가에 돌아온 뒤부터 산사(山寺)를 찾아다니며 기도 생활을 시작합니다. 그러다 계룡산 기도 중에 단군의 계시를 받고 남선리 석각골에 단군전을 건립한 것입니다.

조병호·남지훈·조금상 가족

대전 서구 단묘 현판 1964년

반면, 조병호의 조부는 순종 때 평양감사를 지낸 조충현(趙忠顯)입니다. 조병호는 여섯 살 때부터 한학을 공부하였지요. 그의 스승은 33인 민족대표 중의 한 사람으로 독립운동가이

남지훈의 옛 단군 사묘

자 서예가인 오세창(吳世昌, 1864~1953)입니다. 어릴 적부터 나라 정신을 배우게 된 계기였습니다. 그는 서예가로도 유명합니다. 원래 중국 한나라 때부터 전해 내려온 기와무늬 그림에 글을 쓰고 전서로 주석을 다는 와당문 서예체를 쓰는 서예가로는 거의 유일합니다. 그는 단군과 관련한 10여 종의 책을 엮기도 하였습니다.

조병호는 고향인 청양군 정산면으로 내려와서 지인과 정산고등공민학교(현 정산중학교)를 세우고 학생들에게 단군의 홍익인간 정신을 가르쳤지요. "사람에게 혼이 없으면 모래알처럼 흩어진다. 우리의 혼은 단군임을 잊어서는 안 된다"라고 강조했습니다.

그는 1963년 공주교대 강사로도 활동했는데 이때 단군전을 건립하는 남지훈 여사와 교류가 있었던 것으로 보입니다. 이어 한 가족이 됐죠. 남선리 단군전은 발전을 거듭합니다. 계룡시 신도안 9000여 평의 땅으로 확대됐습니다. 그러나 1984년 군부대가 들어서면서 철거해야 한다는 통지를 받습니다. 당시의 이전에 대해 조 선생은 이렇게 회고했습니다.

> 내 모든 정성을 쏟아 세운 신도안의 단군사당을 버려둘 수 없어 담 쌓은 돌까지 모두 옮겼어요. 트럭으로 모두 3백 대 분량이었지요.

현재 정림동 단묘는 1500평의 대지에 자리 잡고 있습니다. 단묘는 입구인 홍살문, 삼칸문, 원방각종사주문을 지나면 나옵니다. 단묘 현판은 1984년에 조병호가 쓴 것입니다. 건물은 정면 3칸, 측면 2칸의 맞배지붕이고 전면에 퇴칸이 배치되어 있죠. 단묘에는 단군 영정인 단제성상(檀帝聖像)이 있습니다. 영정은 대전으로 이전하면서 홍익대학교 출신 화가에게

대전 서구 단묘 단제성상(檀帝聖像)과 단군 위패

대전 서구 단묘 청동상

환인·환웅·단군 석상

의뢰해서 제작하여 모신 것이라고 합니다. 단군 신위는 남선리에 있던 것으로 '조선시조단성제지위'라고 썼습니다. 영정 오른쪽에는 조병호가 기증받은 청동 단군상(높이 39cm)이 있습니다. 좌우에는 단군의 신하를 모신 제단입니다. 단제성상 왼쪽에 있던 조병호가 쓴 『천부경』은 도난당했고, 오른쪽에 조병호가 쓴 『삼일신고』가 액자로 걸려 있습니다.

흥미로운 것은 단묘 뒤에 있는 환인·환웅·환검(단군) 석상입니다. 조병호는 1987년 꿈속에서 환인·환웅·환검의 세분 할아버지가 쓰러져서 우리를 구해달라며 고통스러워하는 모습을 보았습니다. 그는 며칠 후 부여에 가려고 길을 나섰다가 보령 성주사 터에 버려진 석상을 발견합니다. 현몽한 세분 할아버지의 말씀이 계시처럼 생각나서 윤준웅 전 부여문화원장에게 석상을 구해 모셔 왔다는 것이지요.

석상 건립 연대는 오래됐다고 하지만 정확히 알 수 없습니

신시씨환웅왕지 위
일대주신환인지 위
조선시조신성황제묘정비

다. 석상 높이는 환인 80cm, 환웅 75cm, 환검 73cm입니다. 석상 앞에는 일대주신환인과 신시씨환웅왕 신위를 비석으로 세웠지요. 조병호는 제각 앞 정원에 조선시조신성황제묘정비(높이 5m, 너비 90cm)를 세웠고 삼일신고, 단군팔조교 등을 새겼습니다.

조병호는 1993년 민족의 얼을 드높이는 교육을 위해서 자신의 전 재산과 다를 바 없는 단묘를 대전대학교에 기증하였습니다. 단묘 왼쪽에는 남지훈 여사가 생전에 단군을 모시던 집이 원형 그대로 이전해 있습니다. 단묘에서는 매년 음력 어천절과 개천절에 유교식으로 제례를 올리고 있습니다.

| 충주 묵동마을 숭령전

어래산에서 시작한 단군의 뜻

충주 숭령전 현판
1948년

주덕읍 버스정류장에 이종상 회장(성균관유도회 주덕지회)이 기다리고 있었습니다. 이 회장의 차를 타고 10분 정도 이동해 도착한 숭령전(崇靈殿) 앞에서 곽호종 전 회장(충주시의회 운영위원장을 역임, 전 시의원), 정연욱 주덕지회 총무, 한수덕 이장을 만났습니다.

한 이장은 "마을 주민들은 긍지를 가지고 있다. 단군전이 있어서 마을이 탄탄하게 나가고 있다"며 "10월 3일 개천절을 위해 마을 주민 모두가 준비한다"라고 말했습니다. 삼청리는 30여 가구 대부분이 한우를 기르는 축산 농가들입니다.

> 가장 바쁠 때(10월)에 이틀을 해야 돼요. 바쁜 시기에 청소하고, 손님도 많이 오니깐. 그런데 마을이 발전하려면 자꾸 모여야 하거든요. 같이 대화도 나누고 밥도 먹죠.

한 이장은 단군전이 마을 주민을 하나로 모으는 구심이라고 봅니다. 그의 생각은 단군전을 창설한 유학자 원용선에서 비롯되지 않았을까요? 설립 이야기를 알아보겠습니다.

현재 단군을 모신 숭령전은 후대에 설립한 것입니다. 원래는 어래산(해발 396m) 중턱에 있던 것을 옮긴 것이죠. 묵동마을에 살았던 원용선은 일제의 눈을 피해 집 안에 국조 단군 신위를 모시고 국운의 재기를 빌었습니다. 광복이 되자 1947년 3월 3일 어래산 중턱에 기단을 쌓고 천제단 표석과 조국통일기원비를 세워 천제를 올렸습니다.

원용선은 이듬해 5월 5일 천제단 우측에 단군 영정을 봉안할 단군전과 조선개국단군성모비(朝鮮開國檀君聖慕碑)를 세웁니다. 그해 8월 꿈에 단군이 나타났다고 합니다. 원용선은 어래산에 올라 높은 석벽에 큰 거울이 걸려 있는 것을 보고 애써 거울을 내려 가지고 귀가하려 하는데 갑자기 구척장신에 검은색 옷을 입은 노인이 나타나 "내가 단군이다. 이 거울은 여기에 두라. 후세를 비출 거울이다"라며 거울을 빼앗아 암석문에 넣어 두고 홀연히 사라졌다고 합니다.[28] 이에 원용선은 사재를 털어 단군전각을 세우고 단군 영정과 위패를 봉안한 것입니다. 이후 원용선은 14년 동안 단군전을 운영하였으나, 거리가 멀고 관리가 어렵다는 마을 주민들의 호소가 많았습니다. 그러다 1961년 이 고장 출신 조대연(趙大衍)의 배려로 중원교육청에서 시공하여 현 위치(주덕읍 삼청리 549-11)로 이전한 것입니다.

원용선은 왜 어래산 등산로에 단군전과 천제단을 세웠을까요? 이에 관해 한수덕 이장은 뿌리를 알리는 데 목적이 있었다고 말했습니다.

항일 투쟁을 했던 분입니다. 모두 상투를 잘랐는데, 나는 죽어도 (상투를) 못 자른다고 투쟁을 해서 안 잘랐어요. 돌아가실 때도 상투를 가지고 돌아가셨어요. 대단하셨죠. 주위 어른들에게서 들었어요. 유학자이고 글을 가르치니깐 뭔가 뿌리가 중요하다. 처음에는 단군 영정을 어디서 모시고 왔다는 거예요. 천제단

밑에 모셔놓고 매일 단군 할아버지에게 참배했습니다. 어래산이 주덕 사람들에게 관광지였어요. 소풍도 어래산으로 갔어요. 인파가 많았습니다. 사람들에게 단군이 우리의 조상이라는 것을 심어 준 거죠.

어래산천제단 표석

이종상 회장의 차를 타고 어래산으로 향했습니다. 어래산 천제단에 가려면 대한불교조계종 성지사(삼청리 산37-2)를 찾으면 됩니다. 사찰 왼쪽으로 등산로를 따라 올라갔죠. 산 중턱이라 그런지 걸어서 20분이면 충분했습니다. 마침내 돌로 쌓은 제단이 보였습니다. 우리나라 천제단이라고 하면 강화도 마니산 참성단·태백산 천제단·구월산 천제단 세 곳이 있습니다. 충북에서 천제단이 발굴된 것은 처음이 아닌가 생각됐습니다.

돌은 2단으로 쌓았습니다. 1단은 가로 8m, 세로 1.5m, 높이 1.2m이고 2단은 가로 6m, 세로 1.2m, 높이 1.2m입니다. 2013년 주덕읍에서 현장을 점검하고 흐트러진 기단석과 기울어진 비석을 정리하여 복원하였죠.

현재 조국통일기원비는 없고 표석에 태극기 문양과 천제단이라고 새겨져 있습니다. 표석 좌우에는 국운을 축원하고, 아래로는 백성을 구제한다는 뜻으로 '하제창생(下濟蒼生) 상축국운(上祝國運)'이라고 새겼죠. 후면에는 단기 4280년(1947년) 정해(丁亥) 3월 31일 길일이라고 건립일자를 썼습니다. 높이는 94cm이며 개석 32cm, 기단의 하단 16cm, 상단

충주 숭령전 옛 단군 영정 1953년

충주 숭령전 현 단군 영정 80×138cm

단군 위패
'근역시조단군영위'

10cm입니다.

곽호종 전 회장은 "단군왕검의 홍익인간은 거룩한 건국이념이며 경천숭조 사상을 길러 배달민족의 번영과 민족정기를 배양하는 구심점"이라며 "(설립자가) 빈번한 전란을 잠재우고 태평성대를 염원하는 마음이었다"라고 말하였습니다. 원용선이 1968년 작고하자 장남 원정희가 아버지의 뜻을 이었습니다. 그러나 매년 행사를 치르는 데 경비 조달의 어려움이 많았습니다. 원 씨는 1983년 단군전 부지를 유도회에 희사했습니다. 소유와 관리권을 유도회가 맡도록 한 것이죠.

당시 황성섭 주덕면장과 최상복 이장이 앞장서 취지문을 제작해 주민을 설득했습니다. 그 결과 단군전 수호를 위해 삼청리 5개 마을과 신양 3구 마을 유지 등 50여 명이 발기 모임을 갖고 추진위원회를 결성하게 됩니다. 회장에는 이원영, 부회장은 황 면장과 김병삼이 선임됐고 이종근 의원, 충주시장, 중원군수, 교육장, 경찰서장 등이 고문으로 위촉되었으며 마을 주민들도 똘똘 뭉쳤습니다. 매년 단군전 행사에 정성껏 음식을 준비해 손님들을 접대하며 마을의 대행사를 치러 왔다는 것이 곽 전 회장의 말입니다.

유도회는 단군전 확장의 필요성을 도청과 시청에 수차례 건의하였습니다. 1994년 12월 8000만 원의 도비를 지원받아 단군전의 본전인 숭령전이 32.63㎡의 목조 한옥으로 완공되었습니다. 1995년 시비 3000만 원을 보조받아 재실 17.28㎡ 의 목조 기와집으로 완공해 부지와 건물을 충주시 소유로 관리 전환했습니다. 그리고 1998년에 시비 1700만 원을 보조받아 담장, 배수로, 계단, 3문, 홍살문 등을 완공해서 오늘에 이르고 있습니다.

숭령전 입구는 삼량문이 그 역할을 하고 있습니다. 삼량문 오른쪽에 어래산에서 이전한 조선개국단군성모비와 단군상이 있습니다. 안으로 들어가니 제법 넓은 자리에 숭령전이 자리하고 있었습니다. 숭령전은 서향으로 지었고 정면 3칸, 측면 1칸으로 구획했습니다. 가구는 삼량(三樑: 양쪽 처마 도리와 용마루 도리로 꾸민 지붕틀)집으로 겹처마 맞배지붕(책을 펼쳐서 덮은 것 같은 구조)에 단청을 하고 있죠.

현판은 1948년에 '숭령전'이라고 쓰고 날짜를 넣어 만들었지만, 현재는 날짜가 없는 것으로 대체하였습니다. 문을 여니 단군 영정과 위패를 모신 제단이 마련되어 있습니다. 위패는 '근역시조단군영위(槿域始祖檀君靈位)'라고 썼습니다. 근(槿)은 무궁화로, 예로부터 무궁화가 많이 자라는 우리나라를 근역이라고 하였죠. 전에는 1953년에 그린 단군 영정을 봉안하였다가 최근에 태극기가 가슴에 그려진 영정을 기증받아 교체했습니다.

묵동마을 단군전에서는 매년 양력 어천절과 개천절에 제례를 올리고 있습니다.

| 증평 단군전

향토유적 1호 단군전,

역사 공원이 되다

증평 단군전은 시내 한가운데 있습니다. 증평버스 터미널 맞은편이 증평군청이고 단군전까지 차로 5분이면 갈 수 있습니다. 육재동 증평단군봉찬회장과 반갑게 손을 맞잡고 단군전 정문 왼편에 자리한 봉찬회 사무실로 들어갔습니다. 벽면에는 역대 회장들의 사진을 걸어놓았습니다. 창설자 김기석은 짧은 스포츠머리에 안경을 낀 모습입니다. 육 회장은 설립자가 이념 갈등을 극복할 대안으로 '단군'을 꼽았다고 말하였습니다.

증평 단군전 현판
김사달, 1963년

> 구전으로만 들었죠. 당시 우익과 좌익이 있었잖아요. 주민들이 서로 패를 가르고 있었습니다. 단군정신으로 결집해서 (마을의) 평온을 찾자고 한 것이죠. 이렇게 해서 (김기석 선생이) 선구자가 된 겁니다.

설립자에 관해 조금 더 알아보면, 김기석은 보령시 남포면 제석리 출신입니다. 1919년 3·1 운동 때 홍성군 광주시장에서 열린 만세 행렬에 참가하였지요. 일본 헌병을 피하여 도피했다가 증평으로 이주하여 광산업과 자전거점을 운영했다고 합니다. 그는 광복 후 조국이 분단되고 좌우로 민심이 분열되는 것을 보고 민족정신의 일념으로 단군성조의 홍익인간 이념을 알리고자 단군전 건립을 발의한 것입니다.[29]

김기석은 독립운동가 연병호(延秉昊, 1894~1963)의 자문을 받으며 18마지기의 토지를 팔아 마련한 돈으로 본전과 담장

공사 및 주민 이주비 등을 충당하였습니다. 1946년에 착공하여 1948년에 정면 3칸, 측면 2칸의 팔작지붕 목조 기와집으로 본전과 담장을 건립하였습니다. 현 단군전은 1977년 김태수(金泰秀) 괴산군수가 국비 및 군비로 개축한 것입니다. 이후 증평군 향토유적 제1호로 지정됐습니다.

단군전 입구인 홍살문을 지나 계단을 오르면 단군상과 김기석선생공적비가 세워져 있습니다. 단군전의 내·외삼문 역할을 하는 홍익문(弘益門)은 개천절과 같은 행사를 제외하고 평상시에 열지 않습니다. 방문하겠다는 사람에 한해서만 열어주고 있지요. 육 회장도 매일 개방하고 싶지만 관리할 사람이 없다는 것이 이유라고 밝혔습니다. 문을 열자 단군전 중앙에 길이 있고 주위로는 잔디밭이 조성되어 있었습니다. 오른쪽에는 느티나무 한 그루가 심어져 있는데 육 회장의 말로는 단군전이 세워질 때부터 있었다고 합니다. 마치 신단수처럼 그때의 역사를 기억하는 듯 보였습니다.

단군전 현판은 1963년 서예가 김사달(1928~1984)이 쓴 것입니다. 문을 열자 단군 영정 앞에 '국조단군지위'라고 적힌 위패와 초 두 개만 있었습니다. 영정은 육 회장이 2014년에 구입했다고 하더군요. 향을 피우고 육 회장과 참배하였습니다. 단군제례의 경우 분향강신, 초헌례, 아헌

증평 단군전 설립자 김기석

김기석선생공적비

례, 종헌례 순으로 유교의 제례에 따라 봉행합니다.

한편, 경북 선산에서 태어난 육 회장은 세 살 때부터 충북 음성에서 살았고 결혼한 후에는 증평군으로 와서 33년 동안 경찰공무원으로 근무했습니다. 김재성 전 회장(13~14대)과의 인연으로 단군봉찬회에서 사무국장을 맡게 됐다고 합니다. 김 회장에 이어 15대와 16대 회장을 연임하였죠. 국조를 모신다는 자부심으로 매일 단군전 주위를 청소하는 것이 일과였습니다. 재임 기간에는 증평군에서 단군전 일대를 역사공원화하는 데 공헌하였습니다.

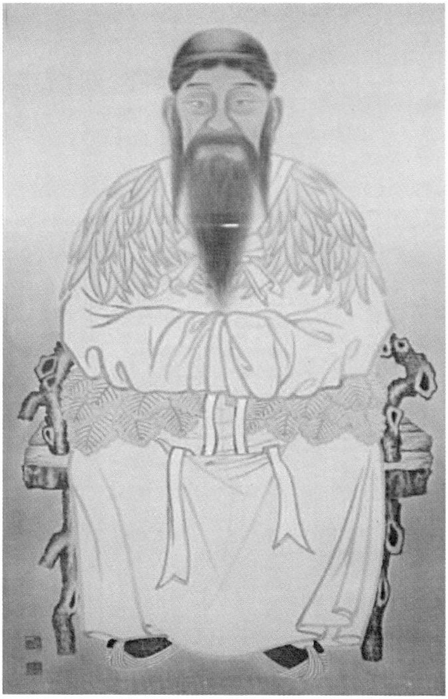

증평 단군 영정
'국조단황존영'

단군 위패
'국조단군지위'

증평군에 따르면 20억 원을 들여 단군전 역사공원 조성 사업을 추진해 전체 면적 5324㎡ 가운데 2827㎡의 1차 사업을 마무리하는 것입니다. 잔디광장을 조성하고 주차장 , 황토 포장, 점토 블록, 태양광 가로등, 조경 등을 설치하였습니다.[30]

육 회장은 "단군전이 후세에게 역사 교육의 장이자 물려줄 가치 있는 문화유산으로서 지역 주민에게 친근감 있게 다가서는 역사공원이 됐으면 한다"고 말했습니다.

증평 단군전 행사는 어천절과 개천절에 유교식으로 제례

를 올리고 있습니다. 군민과 함께하는 행사가 되기 위해 국학기공, 택견 등 관련 단체를 초청하고 연주회를 여는 등 다채롭게 만들고 있습니다.

| 청원 은적산 단군성전

역사 왜곡에 맞선

김재형 선생의 단군정신

강내면 은적산(해발 208m) 정상에서 맞이한 단군성전은 감회가 남달랐습니다. 시내가 한눈에 내려다보이더군요. 경치가 일품이었습니다. 산 정상에 제단을 설치하는 경우는 많지만 단군 사묘를 건립한 사례는 많지 않아서 더 특별한 것 같습니다. 성전 앞은 해학스런 장승 부부가 인포메이션 역할을 합니다. 돌로 쌓은 솟대를 지나면 세 개의 문이 기다립니다. 홍살문, 배달문, 홍익문이 그것입니다. 문을 지날 때마다 선계(仙界)로 한 걸음씩 들어가는 기분이었습니다. 단군성전은 홍익문 안에 있습니다.

청원 단군성전 현판
하종국 글씨

성전의 역사는 독립운동가 김재형(金在衡, 1890~1966)으로부터 시작되었습니다. 청원군 출신인 그가 세상에 알려진 것은 3·1 운동이었습니다. 『매일신보(每日申報)』 판매업을 하고 있던 그는 1919년 3월 1일 광무황제의 국장(國葬)에 참례하기 위해 상경하죠. 서울에서 전개된 독립 만세 운동을 보고 고향에서 독립운동을 전개하기로 한 것입니다. 그는 강내면에서 매일 봉화를 올리며 독립 만세를 외치는 시위가 계속되자 거사 기회가 왔다고 판단합니다. 서울에서 민족대표 박동완이 감추어 두었던 「독립선언서」 500여 매를 받아 그중 350여 매를 연기군 조치원에 사는 김재석(金在石)에게 주어 이를 문의면·미원면·보은읍 등지에 배부하도록 하였습니다. 나머지 150매를 50매씩 봉투에 넣어 강내면에 사는 조동식·김봉회·박준평 등에게 배부하는 과정에 체포돼 이 해 6월 7

일 고등법원에서 2년 4개월의 옥고를 치렀습니다. 대한민국 정부는 선생의 공훈을 기려 1990년에 건국훈장 애족장을 추서했습니다.

김재형은 1920년대 후반부터 단군을 통해 민족정신을 깨우고자 합니다. 단군성전연혁비와 김재형선생공적비에 따르면 김재형은 일제가 우리의 역사를 왜곡하고 단군을 부정하기 위해 전국 각지에 신사를 차려 놓고 참배를 강요하자 단군정신 함양에 전력합니다. 1931년 단군성전 건립을 위한 추진회가 발족되어 추진위원으로 참여하였고, 1936년 국조단군봉찬회를 조직하였으나 일제에 의해 강제로 해산되는

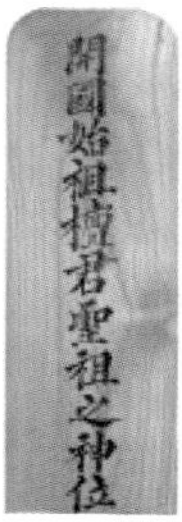

청원 단군 영정

청원 옛 단군 영정
37×73cm

단군 위패
'개국시조단군성조지신위'

아픔을 겪습니다. 광복이 되자 뜻 있는 인사들과 단군봉찬회를 조직하고 초대 회장에 추대되죠. 이 해 국조단군제단을 봉축하였고 이듬해 국조단군환검지비와 애국지사충혼비를 세우고 제사를 지냈습니다.

현재 단군성전은 1968년에 지었지만 1974년에 보수한 건물입니다.[31] 정면 3칸, 측면 2칸의 겹처마 맞배지붕 목조 기와집입니다. 내부는 하종국(下鍾國)이 쓴 '단군성전(檀君聖殿)'이라는 현판을 걸었죠. 1977년에 담장을 쌓았으며 1986년에 '홍인문(弘仁門)'이라고 이름한 솟을대문을 세웠습니다.

청원 개국시조단군상
1999년

단군성전 내 영정은 새로 교체한 것입니다. 옛 단군 영정은 봉찬회 사무실인 홍익재(弘益齋)에 걸려 있습니다. 위패는 '개국시조단군성조지신위'라고 썼습니다. 단군성전 정문인 홍익문을 기준으로 '단군상'과 '선도문화천부경비'가 좌우로 있습니다. 마치 좌청룡과 우백호처럼 성전의 기운을 잡는 듯이 보였습니다. 단군상은 민족정신회복 충북지부에서 홍익문화운동연합과 단군정신선양회 협찬으로 1999년 음력 3월 15일(양력 4월 30일) 어천절에 건립하였습니다. 『천부경』 비석은 2006년 충북국학운동시민연합 최덕규 외 회원들의 기

청원 단군 가묘
1995년

증으로 세운 것입니다. 당시 김재욱 청원군수는 "천부경은 유구한 우리 역사와 함께 한 민족혼의 상징"이라며 "정체성의 뿌리로서 민족 주체성의 근본으로 삼아야 할 위대한 문화유산"이라고 말했습니다.

흥미로운 것은 단군성전 뒤편에 있는 단군묘입니다. 국조단군청원청주봉찬회(회장 김영교)에 따르면 1985년 홍익문을 건립하고 10년만인 1995년에 단묘를 설치했다고 합니다. 북한의 단군릉처럼 단군왕검의 무덤일까요? 김 회장은 "진묘가 아니라 가묘"라고 답했습니다. 북한이 평양에 단군릉을 건립한 것을 보고 봉찬회에서도 만든 것이죠.

성전의 전체 대지는 3600평 규모로, 청주시가 소유하고 국조단군청주봉찬회가 위탁 관리하고 있습니다. 매년 어천절과 개천절에 단군제례를 유교식으로 봉행합니다.

| 괴산 흥천사 단군전

불자들이

단군전을 짓다

흥천사(興天寺)는 신라 선덕여왕 11년(서기 643년)에 창건하였습니다. 원효 대사가 100일간 수도했고 나옹 선사가 참선곡을 지었으며 무학 대사가 머물며 기도를 했던 유서 깊은 도량이었지요. 과거시험을 보기 위해 한양으로 향하던 유생들이 문경새재를 넘은 것에 감사하며 합격을 기원했던 기도처이기도 하였습니다. 조선시대에는 부속 암자만 30여 곳에 이를 정도로 크게 번창했지만 임진왜란과 한국전쟁 등을 겪으며 소실되었습니다.

괴산 흥천사 단군 영정
64×101cm, 1992년

흥천사 조실 동봉 스님은 태백산 만경대 토굴에서 십여 년간 수행하였습니다. 스님은 25년 전 어느 날 만행길에 나섰고 새재 끝머리에서 외로이 서 있는 석조비로자나불을 만났다고 합니다. 비바람에 방치된 부처님을 외면할 수 없었던 스님은 도량중창을 발원하여 극락전, 천복궁, 산신각, 단군전, 영전각을 증축하였습니다.[32]

필자와 차를 마시며 스님은 단군을 모시게 된 이야기를 전하였습니다. 토굴에서 수행할 때의 일입니다.

어느 날 내 마음은 부처님 제자인데, 나를 낳아 준 어머니, 외

할아버지, 그 위로 41대까지 올라가 보니깐 단군이 나오더라. 그렇다면 단군이 누구냐? 옥황상제의 셋째 아들이다. 하늘에서 천존대왕이라고 부릅니다.

괴산 홍천사 단군전 현판 1992년

이를 계기로 1982년 망경사 삼성각에 단군 영정을 모시게 되었다고 합니다. 서울 종로구 인사동에서 초상화를 전문으로 그리는 화가에게 52만 원을 들여서 제작한 것이죠.

지금의 홍천사 단군전은 7평 목조 한옥으로 1992년에 건립한 것입니다. 동봉 스님이 신도들의 성금으로 건립하였다고 말하였습니다. 단군전에 봉안된 단군 영정은 망경사와 마찬가지로 인사동 화가에게 그리게 한 것으로 140만 원이 들었다고 하네요. 단군전에는 단군 영정뿐만이 아니라 원효 대사, 사명 대사, 서산 대사, 여산신(女山神) 등이 함께 있습니다.

단군전에서 어천절과 개천절 등에 단군제례를 올리지는 않습니다. 매년 10월 25일 단군, 호국영령, 대통령 등을 초상화로 모셔 놓고 국민 대통합을 기원하는 천도재를 봉행하고 있습니다. 동봉 스님은 신도들을 데리고 백두산을 오르고 중국 길림성 연변조선족자치주 백의신녀(웅녀)상 등을 찾아서 참배하고 제례를 올리고 있다는 말도 덧붙였습니다.

| 영동 선교(仙敎) **국조전**

전국에 국조전을 세우자

영동역에서 봉곡리로 가는 버스에 몸을 실으니 50분 만에 선교(仙教) 총본산에 도착합니다. 국내 최대 규모의 국조전(國祖殿)과 단군 좌상을 보유하고 있습니다. 유래를 살펴보면 선교는 만월 도전(滿月 道田, 속명 손정은)이 1994년에 창교한 민족종교입니다. 2002년 문화체육관광부로부터 재단법인 허가를 받았습니다. 선불교(仙佛教)로 출발했지만, 2016년 1월 교명을 선교로 바꿨습니다.

서울 출신인 만월은 1999년 어느 날 꿈속에서 단군의 계시를 받습니다. 그리고 그해 6월 미국 애리조나주 세도나 천화동굴에서 21일간 장좌불와(長坐不臥) 수행 끝에 깨달음을 얻었다고 합니다. 1999년 8월 도반들과 충북 영동군 양산면 봉곡리에 총본산인 불광도원(佛光道院)을 세웠죠. 2000년 3월에 이홍수 조각가가 만든 국조 단군 형상의 불광선인상을 봉안하였습니다. 불광선인상의 높이는 6m이고 좌대를 포함하면 9m에 달합니다.

선교 국조전 불광선인상 이홍수, 2006년

선교 축복마당 불광선인상 이홍수, 2000년

선교 측은 불광선인상에 관해 역사적으로 한인, 한웅, 단군으로 내려오던 한민족의 깨달음의 법맥을 이으신 분을 상징한다고 전하였습니다. 불광선인상이 있는 야외 마당을 축복마당이라고 하는데, 2010년 불광선인상 주위에 1200불이 호위하는 모습으로 재준공하였습니다. 지하에는 기도처인 신주당과 신불당이 있습니다. 신불당에는 2016년 4월 2일 제2의 불광선인상을 세웠지요. 조각가 이홍수가 흰 대리석으로 만든 것으로 높이는 2m, 너비는 80cm입니다.

선교 국조전 천궁 현판

선교가 언론의 주목을 받은 것은 국조전 건립 때문입니다.[33] 총본산인 영동 국조전(2006년)을 시작으로 제주 국조전(2010년), 경기도 수도국조전(2012년) 등을 세웠지요. 영동 국조전은 총면적 4506㎡의 지하 1층, 지상 3층 규모입니다. 지하 1층은 각종 모임과 교육이 진행되는 복본당(複本堂)과 식사를 하는 원희관(原喜館)이죠. 1층은 선교 관련 책과 CD, 수행용품을 구입할 수 있는 '신시카페'가 있습니다. 2층은 박제상(朴堤上, 363~419)의 『부도지』[34]에 나오는 지유샘을 상징화한 지유천(地乳泉)과 수행실이 있습니다. 3층은 천궁 대법당으로 청동으로 제작한 불광선인상이 모셔져 있는데, 상 높이는 4m이고 너비는 5m입니다. 한민족이 뻗어 나갈 기상을 상징하는 왕관을 쓰고 있으며 좌청룡 우백호(左青龍右白虎)가 있습니다. 옥상은 『부도지』에서 인류의 창세기를 그린 마고성 시대의 천부단을 재현하였습니다.

국조전 앞에는 황금삼족오상이 있는데요. 만월은 2007년 2월 5일 황금 삼족오가 정면으로 날아올라 날개를 펴고 금색

신불당 제2의 불광선인상 이홍수, 2016년. (선교 제공)

경기도 수도국조전 천모(웅녀) 영정 최종린 그림, 2013년. (선교 제공)

가루를 뿌리며 국조전을 세 바퀴 돈 뒤 세상을 향해 날아가는 형상을 메시지로 받았다고 합니다. 국조전에 황금 삼족오의 출현은 온 천하에 홍익인간 이화세계 정신이 크게 알려질 때가 된 계시로 알고 황금 삼족오 건립을 추진하게 됐지요. 조각가 이홍수에게 의뢰해서 6월 12일 국조전 앞에 황금 삼족오를 청동으로 세웠습니다. 또, 경기도 수도국조전에는 2013년 6월 단군의 어머니 웅녀를 모신 천모전(天母殿)을 한옥으로 세웠습니다. 최종린 화가가 그린 웅녀 영정이 봉안되어 있습니다.

선교 법회는 만월이 계시를 받아 불광선인상을 모신 날(양력 3월 19일), 단군왕검이 오신 날을 기념하는 날(음력 5월 2일), 만월이 불광선인으로부터 법통을 이어 받아 법통자로 사명을 받은 날(양력 7월 1일), 단군왕검이 고조선을 세운 날(양력 10월 3일)이 있습니다.

사찰에서 단군을 모신 이유는?

사찰에는 석가모니를 모신 대웅전을 비롯하여 여러 건물이 있습니다. 그중에서 산신각(山神閣) 또는 삼성각(三聖閣)은 많은 불교 신자의 기도처로 활용됩니다. 주로 호랑이를 거느린 신선을 그린 산신도가 걸려 있지요. 석가와 산신의 동거는 불교가 이 땅에 들어오면서 전통문화와 갈등하며 찾은 절묘한 공존법이라고 봅니다. 그 전통의 뿌리는 어디에 있을까요? 최치원은 『난랑비서(鸞郎碑序)』에서 이렇게 밝혔습니다.

> 우리나라에 현묘한 도가 있는데 이를 풍류(風流)라고 한다. 가르침을 세운 근원은 선사(仙史)에 자세히 실려 있다.[35]

풍류도는 우리나라 고유의 가르침을 말합니다. 학자에 따라서 선교(仙教), 신교(神教), 고신도(古神道) 등 다양하게 해석

합니다. 필자는 한국선도(韓國仙道)로 부르고자 합니다.[36]

고조선 이후 한국선도는 외래 종교인 불교가 유입되자 치열한 대립과 갈등을 겪습니다. 대표적인 사례가 신라의 승려 이차돈의 죽음입니다.[37] 불교인들은 이차돈이 흘린 '흰 피' 설화를 통해 순교를 말하고 싶겠지만 신라인의 관점에서 본다면 외래 종교의 승리인 것이죠. 이러한 점에서 볼 때 삼성각이나 산신각은 후대로 내려오면서 한국선도와 불교가 습합된 것이라고 할 수 있습니다.

주목할 점은 광복 후 한국선도의 대표적인 인물인 단군이 석가부처를 모신 절에 세워진다는 점입니다. 이 책에서 소개한 개태사, 천진사, 천화불교, 향림사, 은수사, 흥천사, 참나도원 등입니다. 불교인들이 단군을 모신 이유는 여러 가지가 있겠지만 종교를 초월해서 애국심을 우선해야 한다는 충북 제천 통도사 정암 스님(속명 박우열)의 이야기를 전하고자 합니다.

스님은 단군 사묘를 따로 건립하지는 않았지만 환인·환웅·단군상을 모신 인류조상성전을 사찰 내에 만들었습니다. 개천절에는 신도들과 함께 제를 올리고 법회도 하고 풍물놀이도 벌입니다. 이러한 활동은 신앙적인 차원이 아니라고 강조합니다.

이것을 하는 것은 애국이에요. 종교 이전에 아버지 어머니가 첫째예요. 부모가 '나라'예요. 이런 이야기를 하긴 그렇지만, '황사영 백서 사건'[38]이라고 알아요? 서양이 침략하도록 만든 거 아닙니까? 그게 뭐 하는 거예요. 종교가 그러면 안 됩니다. 종교는 첫째가 아니에요. 나라가 첫째예요.

스님의 지적대로 나라를 사랑하는 마음, 즉 애국심이 우선해야 하는 것이 상식이지만, 아직까지 대한민국은 애종심(愛宗心)이 더 많은 것이 현실입니다. 국경일인 개천절보다 외국에서 유래한 종교 기념일을 더 성대하게 경축하는 것만 봐도 알 수 있습니다. 신채호는 "석가가 들어오면 조선의 석가가 되지 않고 석가의 조선이 되며, 공자가 들어오면 조선의 공자가 되지 않고 공자의 조선이 된다"라고 지적하였습니다.[39] 주객이 바뀌어서는 안 된다는 뜻입니다.

영화 〈명량〉을 보면 승려들이 조선을 침략한 왜군과 피를 흘리며 싸웁니다. 이들의 손은 염주가 아니라 칼을 들었습니다. 불교에서 첫 번째 계율은 '살생하지 마라'입니다. 계율을 따르는 스님이라면 칼을 들어서는 안 되지요. 그러나 조상이 지켜 온 땅이 피로 물들고 있습니다. 코와 귀가 베인 백성의 울음이 산천을 뒤덮고 있습니다. 종교의 가르침을 따를 것인가, 아니면 조국을 구할 것인가라는 고민 앞에서 사명 대사를 비롯한 많은 불교 지도자들은 절에서 나와 전쟁터로 향한 것입니다. 이순신 장군과 함께 전쟁을 치른 승병은 종교를 초월하여 애국심이 무엇인지 몸소 보여줬습니다.

사찰 내 단군 사묘는 종교를 초월하여 국조를 모셔야 한다는 애국심의 모델이라고 할 수 있습니다. 개천절을 널리 알리는 불자들을 통해 전통문화를 존중하는 성숙한 국민의식을 볼 수 있습니다.

3장

경상도 강원도

❶ 밀양 천진궁 - 밀양시 중앙로 324
❷ 함양 위성경로당 단군전 - 함양군 함양읍 고운로 18
❸ 하동 삼성궁 - 하동군 청암면 삼성궁길 86-15
❹ 울산 천부경연구원 천부보전 - 울주군 청량면 상보 두현길 53-2
❺ 대구 수성구 단군성전 - 수성구 용학로 116-34
❻ 칠곡 국조전 - 칠곡군 왜관읍 석전리 15길 20
❼ 청도 대종교 청도시교당 태천궁 - 청도군 각남면 한재로 997-17
❽ 태백 단군성전 - 태백시 천제단길 221
❾ 동해 단군성전 - 동해시 만우동 58-8

춘천
강 원 도
9
8
경 상 북 도
6
5
대구
7
1
4
2
경 상 남 도
3
부산

*

경상도와 강원도는 지리적 규모에 비해 단군 사묘 숫자가 많지 않습니다. 하지만 경상남도의 문화재인 밀양 천진궁을 시작으로 『칠곡군지』 1면을 차지하는 칠곡 국조전, 민족의 영산 태백산 단군성전 등 지역민의 자부심과 긍지가 서린 유적과 유물 스토리가 있습니다. 단군성전의 역사와 사람들의 이야기를 만나보겠습니다.

| 밀양 천진궁

국조 숭배로 민족 주체성을 높이자

밀양 천진궁은 국내 3대 누각 중의 하나인 보물 제147호 영남루 앞에 있습니다. 단군왕검부터 역대 시조의 위패가 모셔져 있죠. 천진궁은 대일항쟁기 감옥으로 사용된 아픔을 딛고 광복 후 지역민의 노력으로 옛 건물을 복원하여 민족의 정통성을 회복한 역사가 고스란히 담겨 있습니다.

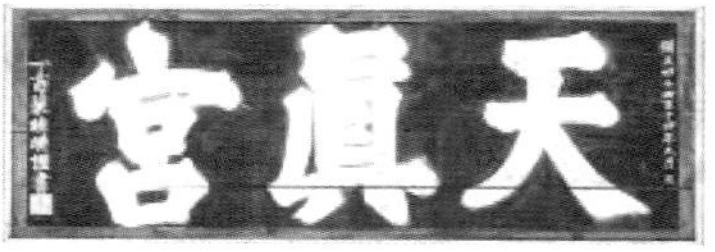

밀양 천진궁 현판
배수환, 1957년

천진궁의 역사는 1665년(현종 6)에 부사 홍성귀(洪聖龜)가 창건한 요선관(邀仙館) 건물에 뿌리를 두고 있습니다. 역대 왕조의 시조 위패를 모신 공진관(拱振館)의 부속 건물이었죠. 그러다가 화재가 발생합니다. 『밀양지』는 "1722년 영남루 본루, 능파당, 침류당이 불탔을 때 1724년에 부사 이희주가 남루를 중건하면서 공진관을 이건하여 능파각으로 했다"라고 기록했습니다. 이후 1739년(영조 15)에 화재로 소실되었다가 1749년에 부사 신준(申晙)에 의해 재건됐습니다. 현재의 천진궁은 이때 재건한 요선관 건물입니다. 1952년 건물 중수 공사에서 '건륭사십년(乾隆四十年)'으로 시작하는 명문망와(銘文望瓦: 글자가 새겨진 암막새)가 발견됐기 때문입니다. 연도가 일치합니다. 명문망와는 현재 밀양시립박물관에 있습니다.

요선관의 운명은 1894년(고종 31)에 바뀝니다. 영남루가 일본 헌병대에 강점되고, 이곳은 백성들을 고문하는 옥사로 사용된 것이죠. 1910년 경술국치 때에는 전패가 땅에 묻히고 옥사의 기능이 해제됐습니다. 일본 관헌에 의해 함부로 사용되어 건물이 붕괴될 위험에 처하자 1930년 군수 최두연(崔斗淵)이 영남루와 함께 요선관 건물을 보수하였습니다.

단군 사묘는 1952년 향중의 유지들이 단군봉안회를 발족한 것이 계기가 됐습니다. 이듬해 요선관과 일주삼문(一柱三門)을 전면 보수하여 이곳을 단군봉안전으로 삼았습니다. 건물 전호(殿號)를 대덕전(大德殿)으로 개편하였으며 중앙에 단군 영정과 위패를 봉안하였습니다. 왼쪽 벽에는 부여·고구려·가야의 시조와 고려 시조의 위패를 모셨습니다. 오른쪽 벽에는 신라와 백제의 시조와 발해 고왕, 조선 태조의 위패를 모셨습니다.

밀양 단군 영정
1953년

단군 위패
'대황조단군위'

1957년에 대덕전을 천진궁(天眞宮)으로 개편하고 일주삼문을 만덕문(萬德門)이라고 바꿨습니다. 만덕문의 '만덕(萬德)'은 『삼일신고』에서 유래한 것입니다.[1] 천진궁 현판은 배수환(裵綉煥)이 쓴 것이고 만덕문 현판은 박창화(朴昌和)의 글씨입니다. 건물은 정면 3칸, 측면 2칸의 팔작지붕이며 목조로 된 기와집입니다. 기둥 위에서 지붕 처마를 받치는 공포가 기둥 위에만 있는 주심포 양식이죠. 천진궁은 1974년 경

상남도 유형문화재 제117호로 지정되었습니다.[2]

반면, 이강오는 단군봉안회가 1946년 5월에 조직된 것으로 보고 있습니다. 김상학(金尙學)이 회장이고 회원은 400여 명이었습니다. 봉안회가 창립한 동기는 오랜 국치를 벗어나 조국을 찾게 된 즐거움과 국조 숭배에 의해 민족 주체의식을 앙양하기 위한 데 있었습니다.[3] 1961년 9월에 단군봉안회라는 단체명은 단군숭령회(회장 박용환)로 개명하였습니다. 천진궁에서는 매년 음력 3월 15일(어천대제), 음력 10월 3일(개천대제)을 기하여 봄가을에 제향을 올리고 있습니다.

밀양 환웅상
1983년

천진궁의 오른쪽에는 1983년에 남해 단군성전 설립자 김연섬 여사가 세운 환웅 석상이 있습니다. 석상 오른쪽 비석은 그의 아들인 박용태가 세운 것입니다. 비석에는 '삼신제왕(三神帝王), 칠원성군(七元星君), 태상노군(太上老君)'이라고 썼습니다.

한편, 매년 5월에 열리는 '밀양아리랑대축제'의 성화는 표충서원, 예림서원, 아랑각에서 각각 불씨를 채화해 천진궁에 봉헌하고 있습니다.[4]

| 함양 위성경로당 단군전

(함양인터넷뉴스 제공)

선비의 고장,

단군전 복원에 힘쓰다

함양 위성경로당 단군전 현판

위성경로당은 함양버스터미널에서 함양군청 방면으로 걸어서 10분이면 도착합니다. 2층으로 된 흰색 건물이었습니다. 전오식 총무를 만났는데, 단군전 복원에 안간힘을 쓰고 있었습니다. 새로 짓는 것도 아니고 원래 있던 역사를 다시 찾자는 일인데도 군청의 관심이 적었기 때문이지요. 전 총무가 건넨 자료를 바탕으로 사묘의 역사를 살펴보겠습니다.[5]

1954년 함양군민들의 애향의식과 노인들의 주체성을 확립하고자 위성양로회(渭城養老會)를 설립하였습니다. 1958년 10월 장상준(張相俊) 외 10여 명이 경로당건립위원회를 조직해 위성경로당으로 개편하였죠. 그해 11월 송봉재 군수와 기관장, 유지들로 구성된 경로당사건축위원회를 조직하였습니다. 이듬해 4월 위성경로당 창립총회를 열고 함양 최초의 경로당이 설립하였습니다.

1959년 서정두 위성경로당 회장 외 20여 명은 "좌안동 우함양이라고 불리는 선비의 고장에서 타국의 성인(공자)만 모실 것이 아니라 우리나라 개국성조이신 단군성조를 섬기는 것이 올바른 도리"라고 말하였습니다. 서 회장은 회원 두 명과 함께 밀양 천진궁을 방문하여 단군 영정을 모시고 와 임시로 전 재건학교 강당에 봉안하였죠. 1960년 1월 5일 경로당 강당을 매수하고 회원 성금과 군수의 협조 아래 3칸 규모로 단군전을 건립하여 2월 28일 향사를 하였습니다. 그러나 도시 계획으로 단군전은 철거되고 맙니다. 1990년 4월 10일

경로당 3층 옥상에 임시로 성전을 만들었습니다. 현재 단군전 표석이나 안내판은 전무한 실정입니다.

필자가 2층 경로당 바깥의 좁은 계단을 올라가 보니 다락방도 아니고 너무나 협소한 공간에 단군 영정과 위패, 제기 등을 보관하고 있었습니다. 위패는 '개국성조단군신위'라고 썼습니다. 콘크리트 창고 속에 햇볕 한 줌 들지 않는 1평 남짓한 공간이죠. 그럼에도 이곳에서 지역 각급 기관 및 사회단체장을 비롯 유림·회원 등 100여 명이 참가한 가운데 양력 개천절에 유교식으로 매년 제례를 봉행하고 있다는 점이 놀랐습니다.

함양 위성경로당 단군 영정

단군 위패
'개국성조단군신위'

전오식 총무는 "단군전을 재건하기 위한 토론회를 거쳤고 군에서도 관심을 나타내고 있다"라며 "2019년에는 건립을 기대하고 있다"라고 말하였습니다. 1960년 이래 반세기가 넘는 세월입니다. 유서 깊은 향교와 서원, 누각, 정자 등으로 선비의 고장이라고 불리는 함양군에서 단군전 복원은 반만년 유구한 역사 자원을 되찾고 홍익인간 정신을 알리는 계기가 될 것입니다.

| 하동 삼성궁

소도처럼

민족교육의 산실로 키우자

삼성궁은 하동군의 대표적인 관광지 중 하나입니다. 1990년대 후반부터 지리산 청학동과 함께 매스컴에도 자주 보도가 됐죠. 역사는 한풀 선사(본명 강민주)가 1983년 민족교육의 산실로 소도(蘇塗)를 구축한다는 계획 아래 시작됐습니다. 당시에는 삼성사였고 1990년대 초에 삼성궁으로 개칭한 것이죠. 한인, 한웅, 단군을 모신 배달성전으로 만들고자 한 것입니다.

건국전 현판
김종구 글씨

한풀의 조부는 동도교(東道敎) 신자들과 하동군 옥종면에 살다가 1970년대에 청학동으로 이주하였습니다. 1년에 한 번 삼신에게 천제를 지냈다고 합니다. 한풀은 낙천 선사 김종운에게 신선도를 수련하였고 개천학회와 단군교에도 나갔습니다. 대학교를 졸업한 뒤 청학동에 들어와서 수행하고 돌탑을 쌓으며 지금까지 성지를 구축하고 있죠.

그런데 1990년대 후반 정부 지원을 받으며 성전을 건립하는 과정에서 우여곡절이 많았습니다. 하동군은 삼성궁과 마을 주민, 하동군의 유력 인사가 참여하는 '청학선원 배달성전'이라는 법인을 구성하고 조성 사업에 들어갔습니다. 정부가 지원하고자 한 개발 사업은 청학선원 삼성궁 조성 사업이었습니다. 삼성궁을 주변 관광지와 연계한 역사 탐방 코스를 만드는 것이죠. 삼성궁의 자체 사업비와 하동군을 통한 국비 보조 사업비 지원을 합쳐 단군을 모신 국조전, 청학동의 상징이자 전망대격인 청학루, 유물전시관, 돌탑을 조성하는 것이었습니다.

하동 삼성궁 한인 영정
140×190cm

하동 삼성궁 한웅 영정
78×138cm

하동 삼성궁 단군 영정
86×146cm

이에 기독교가 삼성궁을 사이비 종교 집단으로 몰아 국고 보조금 지원 중단을 요구하는 일이 벌어졌습니다. 단군전을 건립하는 사업에 38억 원이나 되는 국고를 지원하는 것은 부당하다고 군수를 찾아가 면담을 요청하고 반대 서명 운동을 펼치기까지 하였습니다. 그 결과 정부 지원을 예상하고 개발을 추진한 삼성궁은 자금이 부족해 은행에서 빌린 채무를 변제할 수 없게 되어 경매에 몰릴 위기에 처하였습니다. 하동군은 삼성궁과 협의 끝에 지상물과 지상궁 소유 건축물의 1/2 지분을 매입하여 공유화하고 토지는 기부 채납을 받기로 합의하는 선에서 일단락됐습니다.[6]

하동 삼성궁 다물전

삼성궁은 의례 공간인 마고성, 주거 지역인 검달, 배달성전, 상업 지역인 신시로 나뉩니다. 배달성전은 면적만 4만 3000㎡에 달합니다. 둘러보면 돌로 쌓은 최대 규모의 예술 작품을 보는 것 같습니다. 이와 비슷한 사례로 진안군 마이산 탑사 내 돌탑이 있습니다. 석정(石亭) 이갑룡(李甲龍, 1860~1957)이 30년 동안 인근에서 돌을 날라 기단 부분을 쌓았고, 상단 부분에 쓰인 돌은 각처의 명산에서 가져온 것이죠. 억조창생을 구원하고 만국 평화를 기원하기 위해서였습니다. 마찬가지로 삼성궁 또한 그 옛날 단군조선의 홍익인간 정신이 서린 신단처럼 민족교육의 성지로 자리매김하고 있는 것 같습니다. 삼성궁은 국조전, 전시관, 무예청, 전통찻집, 전각과 망루 등이 있습니다. 3000개의 솟대와 성벽을 구축하였지요.

다물전 단군상
높이 122cm, 2012년

국조전은 '건국전'으로 명칭이 변경됐고 1995년에 건립한 것입니다. 정면 9칸, 측면 2칸의 팔작지붕 건물이죠. 현판은 김종구 씨가 썼습니다. 한인·한웅·단군 영정은 지리산에서 수도하는 화가가 종이에 그렸다고 합니다. 그런데 영정은 보존 상태가 열악하였습니다. 삼성궁 관계자는 비가 오고 습기가 차서 그런 것 같다고 말하였습니다. 한인 영정은 가운데가 찢어졌고 색도 바랬습니다.

국조전을 기준으로 오른쪽 길로 가면 다물전이 나옵니다. 이름은 청학루에서 바뀐 것입니다. 정면 3칸, 측면 2칸의 팔작지붕 건물인데 건국전과 같은 시기에 건립된 것으로 보고 있습니다. 삼성궁 관계자에 따르면 궁을 왕래하는 무속인들이 2012년에 단군상을 세우고 산신도 탱화를 걸겠다고 해서 마련한 것이라고 합니다.

단군 좌대는 '천치화주환검(天治化主桓儉)'이라고 새겼습니다. 단군상 뒤로 단군 영정을 걸개그림으로 했습니다. 단군상 왼쪽에는 산신도를 걸었고 오른쪽에는 무속도를 걸었습니다.

삼성궁 제례는 3월 16일에 봄 천제인 삼신제를 올리고 가을 단풍철을 전후하여 개천대제를 열고 있습니다.

| 울산 천부경연구원 천부보전

스승의 평화탑을

고향에 짓다

천부보전은 울주군청에서 문수월드컵경기장 가는 길목인 두현저수지 앞에 있습니다. 주변의 산세와 너울대는 저수지 물이 오묘하게 조화를 이루더군요. 이곳에서 부인과 저수지휴게실을 운영하는 최동원 천부경연구원장을 만났습니다. 천부보전은 휴게실 뒤편에 있습니다.

울산 천부보전 현판

최동원 원장은 수염이 길어서 도인처럼 보이지만 실은 천부경을 공부하고 국내외에 알리는 데 노력하는 학자에 가깝습니다. 1976년 대전에 있는 백원(白源) 김백룡(金白龍) 법사를 만나 단군과 『천부경』을 공부하였습니다. 울산 모 화학회사에서 근무하며 대전을 왕래하였죠. 김백룡은 단군의 계시를 받고 1967년 10월 3일 보문산 북쪽 기슭 야외음악당 우측 산봉우리 부근에 청심등대세계평화탑을 세운 인물입니다. 탑은 원형 철조 건물로 사방 12척 12기둥, 높이 12척 규모로 지어졌죠. 세계 평화와 남북 평화통일, 종교 화합을 기원하기 위해서입니다. 이 탑에서 제자 50여 명을 양성하였습니다. 평화탑은 2016년 공원관리사업소에서 안전 위험성이 크다는 이유로 철거하였습니다.[7]

최 원장은 평화탑을 다니면서 울산에 성전을 세우라는 단군의 계시를 받아 2012년에 자비를 들여 천부보전을 건립하였습니다. 최 원장은 "나무는 오래 못 간다고 해서 철근 골조로 올린 것"이라고 말했습니다. 천부보전은 팔각으로 지었고 천장은 우물 정 자 형이고 백두산 천지를 그렸습니다. 내부는 단군 영정이 있고 좌우로 『삼일신고』와 『천부경』을 벽에 새겼습니다. 천부보전 외부는 단군의 일대기를 벽화로 그렸습니다.

최 원장은 평화탑 단군 영정을 출력하여 천부보전에 봉안하였습니다. 영정은 김백룡의 둘째 딸 김동숙 씨가 그린 것입니다. 이에 관해 김백룡은 단군을 '성조 단군 신선'이라고 칭하며 구체적으로 설명하였습니다.

천부보전 단군 영정
100×140cm, 2012년

> 신장은 12척(3.6m)이며 앉은키는 6자(1.8m)이다. 얼굴과 피부색은 순금색이며 얼굴은 주름살이 하나도 없으며 마치 삼척동자의 피부와 같다. 수염의 길이는 3자(0.9m)가 넘는다. 머리털은 흰색이 하나도 없고 순전히 검은색으로 윤기가 나며 수정과 같이 빛이 난다. 앉으면 뒷머리가 5자(1.5m)정도이다. 입가에 수염이 참 멋있게 나 있다. 모자를 쓰는 법이 없고 우리들처럼 신발도 신지 않는다.[8]

천부경연구원에서는 월례회를 열고 있지만 어천절과 개천절 등에 단군제례를 봉행하지는 않습니다.

| 대구 수성구 단군성전

외곽으로

단군이 밀려난 사연

대구 국조단군성전 현판

대구의 유일한 단군성전을 찾았습니다. 시민들은 대구 수성관광호텔 뒤편의 법이산 자락에 있는 것으로 알고 있지만 원래의 자리는 그곳이 아니고 이전한 것입니다. 반백의 택시기사도 달성공원에서 단군성전을 봤다며 “기와집으로 되어 있었지예. 바깥에서 보면 다 보였어예”라고 말했습니다. 어르신들의 기억에만 남은 단군성전은 어떻게 대구의 중심가에서 변두리로 이전하게 됐을까요? 그 사연부터 알아보겠습니다.

1946년 봄이었습니다. 정운일(鄭雲馹)과 최항묵(崔恒默)[9] 등 대구의 유지들이 모여 대구 달성공원에 있는 일본 신사 건물을 단군전으로 개수하자고 결의합니다. 국조 숭배에 의한 민족의식을 높이자는 취지였죠. 이들은 이러한 취지를 대구시장에게 건의했고 기금 조달을 위해 모금 운동을 벌였습니다. 한국전쟁으로 잠시 중단됐던 대구 단군전의 꿈은 1955년에야 본격적으로 추진됩니다. 그해 봄 최항묵, 임상조, 이집양 등이 주도하여 단군성조봉성회를 조직한 것이죠. 회원을 모집하고 자금 확보에도 성공해서 150만 원을 모을 수 있었습니다. 이 돈으로 신사 건물을 개수하였고 이듬해 9월 단군을 모시고 ‘천진 봉안식’을 거행하였습니다. 그러나 이들을 가로막은 것은 천주교와 개신교였습니다. 특정 종교 단체의 포교 활동으로 보고 대구시에 철폐를 요구하고 나섰던 것이지요. 봉성회 측이 건물을 확보하자 대종교 경북도본

사를 이곳에 옮긴 이유가 컸습니다.[10]

대구시는 봉성회 측에 단군전 이전을 권하였습니다. 그때마다 상부에 진정하고 소송하는 등 4~5년을 유지하였습니다. 그러나 1966년 8월 광복 21돌을 기념해서 대구시는 공원화 계획으로 철거에 나섭니다. 단군성조봉성회 측은 "숭봉회 건물과 부속 건물을 달성공원 안에 지어 달라"는 주장을 꺾지 않았죠. 당시 태종학 대구시장은 12일 밤부터 바리케이드를 치고 전경을 배치했습니다. 임상조 회장은 대한노인회 회원들과 밤새도록 대치 국면을 벌였습니다. 대구시는 1966년 8월 13일 새벽에 기습적으로 진입해 이날 정오 천진전 안의 단군성조를 모신 제단 및 제물 등 일체의 도구를 철거했고 건물은 밧줄로 묶어 당겨서 무너뜨렸습니다.[11]

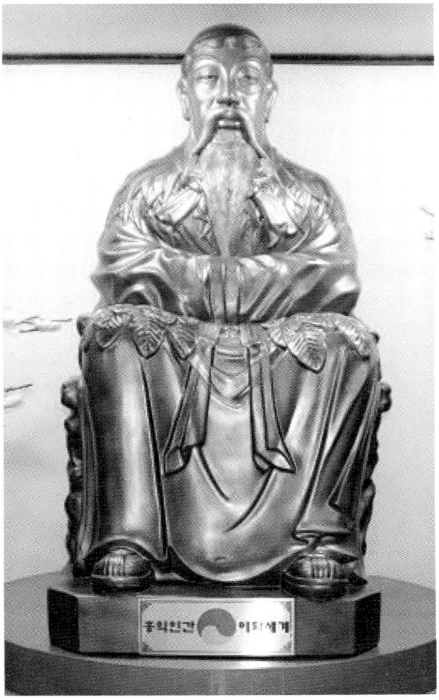

대구 국조단군성전 단군상
1981년

이강오는 "그 대가로 대구시 두산동 수성유원지 뒷산에 3000여 평의 대토(代土)를 얻어 철근 콘크리트 기둥에 기와를 덮은 49평짜리 본전을 1968년 7월에 완공하였다"라고 설명하였습니다.

성전은 호텔수성(옛 수성관광호텔) 뒤편으로 난 오솔길을 돌아서 100m 정도 걸어가야 만날 수 있습니다. 법이산에 자리한 성전의 양 기둥엔 원방각기와 태극기가 바람에 펄럭였죠.

천진전은 정면 3칸, 측면 2칸의 팔작지붕 건물입니다. 실내엔 영정이 아니라 단군상이 있었습니다.

국조단군성전은 1979년 이우백 대구노인회장이 관리하였고 이듬해 장병규 회장과 김병옥 씨가 사재를 들여 훼손된 성전을 수리하였습니다. 1981년에는 안호상 박사 주선으로 국조단군 동상을 조성하여 봉안식을 거행하였고, 1999년부터 박명수 할머니가 10년 이상 관리하였습니다. 주요 언론에 의하면 박명수 할머니는 '대구에서 유일하게 단군을 모시는 인물'로 알려져 있습니다. 2007년 11월 당시 대통합민주신당 정동영 대선 후보가 방문해서 화제가 된 적도 있습니다.[12]

현재 김숙자 씨가 2014년부터 시봉을 맡고 있습니다. 달성공원에 있던 초창기 단군 영정을 문의하자 없다고 밝혔습니다. 그동안 대구노인회에서 국조단군성전을 관리했는데 지금은 단군성전 후원회인 숭모회 등이 개인 차원에서 꾸려가고 있습니다. 매년 음력으로 어천절과 개천절에 제례를 올리고 있습니다.

| 칠곡 국조전

독립운동가 조용승 선생의 유산을

단민회가 잇다

칠곡 국조전 현판

필자는 전국 단군전을 찾기 전에 시·군지부터 먼저 살펴봤습니다. 그 지역의 역사와 문화를 살펴보는 데 있어서 국조의 위상을 가늠할 수 있기 때문이죠. 『칠곡군지』는 칠곡을 대표하는 유물 사진 중에서 국조전을 맨 앞에 소개하고 있습니다. 국조전은 국보나 보물, 사적지도 아닙니다. 그럼에도 불구하고 한 면을 차지하고 있는 것은 지역민의 자긍심이라고 할 수 있습니다.

왜관역에서 국조전까지는 자동차로 5분이면 갈 수 있습니다. 택시기사는 "국조전처럼 큰 성전도 없지요"라고 말했습니다. 칠곡군청 앞 삼거리의 도로 안내판에 국조전이라고 쓰여 있고 육교에 올라서면 자고산(鷓鴣山, 해발 303m)에 자리한 국조전이 보입니다. 부지만 1007평에 달합니다.

국조전 탄생은 독립운동가 조용승과 관련이 깊습니다. 그는 경북 김천에서 태어났고 3·1 운동에도 참여했습니다. 그가 단군 의식을 가지게 된 것은 만주로 건너갔다가 일본 경찰에 붙잡혀 신의주 감옥에 투옥됐을 때부터였다고 합니다. 그는 옥중에서 한민족의 재기는 전 민족의 주체의식과 단결이 필요하다고 느낀 것이죠. 단군성조에 대한 숭배로서 민족정신의 통일 운동을 전개하기로 했습니다. 그는 왜관에서 대서업(代書業)을 경영했습니다. 이즈음에 지리산 기슭에 단을 만들고 단군에 대한 기도 수련을 시작했습니다. 이것은 단군신앙에서 민족통일의 계시적 방안을 얻기 위해서였다고 합니다.

국조전 건립은 한국전쟁 이후에 전개합니다. 조 선생은 한국전쟁 때 민족 분열의 참상을 뼈저리게 느낍니다. 민족정신의 통일과 단결을 위한 운동으로 국조 단군 숭배를 중심으로 하는 수국회(守國會)를 발기한 것입니다. 이 운동은 칠곡을 중심으로 대구, 성주, 선산, 김천, 고령 등지에 걸쳐 동지를 규합하여 어느 정도의 지방 조직까지 갖췄다고 합니다. 1955년에 동지 장경래, 이수기, 심정변 등과 협의해서 단민회를 조직했습니다. 관의 협력을 얻어 왜관을 거점으로 하는 국조전건립기성회를 조직하죠. 군민들의 성금을 거두어 1957년에 왜관읍 석전동에 국조전의 본관과 정문을 준공했습니다.

그런데 옛 국조전 연혁과 관련하여 단민회와 이강오의 주장이 다릅니다. 단민회는 설립 연대를 1951년 3월 24일이라고 밝혔지만 이강오는 한국전쟁 이후로 보고 있습니다. 또, 단민회에서는 국조전 건립 추진은 1955년 2월 20일부터 시작해서 1961년 2월 20일에 완공했다고 하지만 이강오는 1957년으로 본다는 점이 다릅니다. 당시 부지는 400평이고

칠곡 국조전 단군 영정
90×140cm

단군 위패
'국조단군성제'

건평은 35평이었으며 본전(12평), 삼문(3평), 관리사(20평)가 있었다고 단민회는 보고 있습니다.

옛 칠곡 국조전

단민회에 따르면 1989년에 이르러 국조전 주위에 민가가 많이 건축되었을 뿐만 아니라 진입로가 좁으며 건물이 협소하고 낡아 현재의 자리(석전리 산2~1)인 자고산 자락으로 옮겼다고 밝혔습니다. 1993년 11월 16일 6억5000만 원(도비 2억 원, 군비 2억5000만 원, 성금 2억 원)으로 건립한 것입니다. 단민회는 이듬해 12월 국조전을 칠곡군에 기증하였고 1997년 2월부터 군에서 위탁 관리하고 있습니다. 이기환 사무국장의 말에 따르면 자고산에 조용승의 땅이 있었다고 합니다. 그의 후손이 단민회에 부지를 기증하면서 국조전을 건립할 수가 있었죠. 산을 기준으로 왼쪽이 조용승의 묘, 오른쪽은 국조전입니다.

주요 건물은 단군 영정과 위패를 봉안한 국조전(20평), 광리당(29평), 내·외삼문(7평), 관리사 및 사무실(58평), 화장실(3평) 등이 있습니다. 국조전은 정면 3칸, 측면 2칸의 팔작지붕 건물로 금몰 단청이 돼 있습니다. 국조전에는 단군 영정과

'국조단군성제'라고 쓴 위패가 있습니다.

국조전 안내는 신동주 21대 단민회 회장과 20대 이동 회장, 이기환 사무국장이 맡았습니다. 이 사무국장은 "(군으로부터) 운영비로 600만 원을 받고 제례비로는 550만 원을 받는다"라며 "행사비로도 부족하지만 근근이 치르고 있다. 우리는 비영리 순수 민간단체라서 봉사하는 차원으로 관리하고 있다"라고 말했습니다. 국조전에서는 매년 양력 어천절과 개천절에 유교식으로 제례를 올리고 있습니다.

단민회의 가입비나 연회비는 없습니다. 회원은 400명 정도 되는데 행사로 찾는 경우는 200명 내외라고 하네요. 이에 관해 이 회장은 "단군의 자손이라면 누구나 올 수 있어서 회원이 별도로 정해질 수 없다"라며 "국민 누구나 받고 있다"라고 말했습니다. 개천절 행사 때는 대구 등 인근 지역에서도 찾는다고 합니다. 이 사무국장은 개천절에 대해 할 말이 많았습니다.

> 옛날에는 국가 주최로 개천절을 했는데, 지금은 민간단체로 넘어왔습니다. 그 자체가 하락한 것이죠. 그래서는 안 됩니다. 예수탄신일이나 석가탄신일은 온 국민이 축하하는 데 말이죠. 개천절을 모르는 사람도 있어요. 그냥 노는 날이라고 생각합니다.

이 회장은 "1960년까지 (연호를) 단기로 썼는데 세계화를 한다고 서기를 쓰게 됐다. 그래서 그렇게 된 것"이라고 말했습니다. 그는 교육의 문제점도 지적하더군요.

학생들이 국조전에 왔는데, 한두 명이 밖으로 나가. 와 거기 나가노? (라고 물어 보니) 나, 예수 믿어요. 이러면서 나가는 기라. 예수 믿으면 여기 와선 안 되는 것으로 아이들이 아는 기라.

이 국장은 "한국사도 뿌리부터 배워야 한다. 뿌리(단군조선)는 없고 삼국시대부터 하고 있으니……"라고 비판했습니다. 신 회장은 "아이들이 많이 오고 교육도 하는 국조전이 되겠다"라고 말했습니다.

한편, 국조전에는 조용승의 공덕을 기리는 기공비, 국조전 이건 기념비, 1965년 조용승이 직접 쓴 독립수호비문이 있습니다. 조 선생의 호가 성당(星堂)이라는 점도 새롭게 알게 됐습니다. 다음은 독립수호비문입니다.

1. 독립수호: 자손들이여, 천지와 같이 이 나라에 살 것이로다. 그 끝까지 이 나라 독립을 수호하리.

2. 민족단결: 나라를 위하여 한마음 단결하리.

3. 정신통일: 정신통일하여 그 정신으로 나라 독립을 수호하고 나라 부(富)하고 민강(民强)하리.

4. 도덕달성: 홍익인간의 대도(大道)로 만방인류(萬邦人類)를 구하고 나라 빛내리.

독립운동가 조용승의 결의가 수호비문에 오롯이 살아 있음을 느끼게 합니다. 조용승의 유족 중에 딸 조윤남과 관련한 신문 기사가 눈에 띄었습니다. 74세의 나이로 1988년 한국여성단체협의회에서 주관한 제24회 용신봉사상을 받았습니다. 조 씨는 독립운동을 했던 선친이 칠곡군에 국조전을 세운 인연으로 칠곡에 살게 됐다고 말하였습니다. 그녀는 여성 발전과 불우 이웃 돕기에 반평생을 보냈습니다.[13] 독립운동가 부친에 이어 딸 또한 지역 사회에 홍익하였다는 것을 알 수 있습니다. 역시 부전여전(父傳女傳)입니다.

| 청도 대종교 청도시교당 태천궁

국가를 초월하여

천상에 오르다

기차를 타고 청도역에 내리자 허귀숙 대종교 청도시교당 전무와 정대웅 대종교 삼일원장 등 일행을 태운 차 한 대가 마중을 나왔습니다. 차로 30분 정도 가니 화악산(해발 932m)을 길지로 잡고 2011년에 건립한 단군성전은 연혁이 짧다고 생각되지 않을 만큼 역사가 깊은 사묘처럼 느껴졌습니다.

청도 태천궁 현판
2011년

허 전무는 단군을 만난 이야기를 하였습니다. 1981년 어느 날 선몽을 꾸고 대구 단군성전을 방문하였다고 합니다. 단군을 향해 4배를 올리자 가슴이 열리고 영적인 체험을 한 것입니다. 당시 단군성전은 김병옥 대종교 대구시교당 전무가 맡고 있었죠. 이후 허 전무는 대종교에 입교해 시교사로 활동하였고 당시 신철호 대종교 삼일원장의 지도를 많이 받았다고 합니다. 이어 고향인 청도에 땅을 조금씩 사들여 현재의 성전을 조성하였습니다. 2011년 10월 3일 한옥으로 건립한 단군성전은 정면 3칸, 측면 2칸의 팔작지붕 건물이고 30평 규모입니다.

현판은 '태천궁(太天宮)'이라고 하였습니다. 허 전무는 "단군이 나라의 임금으로 있으면 시조밖에 안 된다. 단군도 하늘에서 공부한다. 이제는 대천궁이 아니라 태천궁"이라고 설명했습니다. 국가를 초월해서 천상의 자리에 있다는 뜻인 것 같습니다.

성전은 문화재 전문가에게 의뢰해서 제작한 것입니다. 무궁화, 빗살무늬, 봉황, 치우, 원방각 등으로 건물 내외부를 디

청도 태천궁 환웅, 환인, 단군 청동상 1997년

자인하였고, 환인·환웅· 단군의 치적을 담은 일대기를 탱화 전문 작가에게 의뢰해서 2016년에 벽화로도 제작하였습니다. 다른 단군성전에서도 충분히 활용할 수 있는 좋은 사례라고 봅니다.

내부는 환인·환웅·단군 청동상을 모신 제단이 있습니다. 각 동상은 두 손으로 거북 옥새를 들고 있는 점이 특징입니다. 강화도 마니산에서 단군을 모시던 김재일 씨가 1997년에 제작한 것을 허 전무가 인수하여 성전에 모셨고 도금하였습니다. 높이는 2.65m이고 너비는 75cm 입니다. 세 개의 상에 도금까지 하였으니 더욱 빛이 납니다.

좌우로 불상(지장보살·아미타불·미륵불·관세음보살)이 있고 대종교 지도자(백봉·두암·나철·김헌·서일·윤세복·신철호)를 위한 제단이 마련되어 있습니다. 대종교 창시자가 나철이 아니라 백봉임을 정확히 알려주고 있습니다. 이런 것이 단군의 정통을 올바르게 계승하는 일이라고 봅니다.

청도 태천궁 천신모상
2005년

야외는 단군의 어머니 천신모(天神母)상을 세웠습니다. 허 전무는 2002년 태백산에서 100일 기도하라는 계시를 받습니다. 21일 기도를 마친 날에 천신모가 나타나 "내가 기도를 시켰노라"라고 말했습니다. 이어 일연의 『삼국유사』「고조선」조에 나오는 웅녀 이야기를 전하였습니다. 웅녀는 하느님(환웅)에게 100일 기도를 하라는 명령을 받고 21일 만에 득도하였고, 동굴에 더 있을 필요가 없어서 밖으로 나왔다고 합니다. 그런데 허 전무는 이렇게 설명했습니다.

웅녀가 100일을 안 채웠다고 하느님 명령을 거역했다는 거죠.

청도 태천궁 벽화
2016년

그 때문에 그동안 삼신할머니로만 계셨어요. 후천시대가 오면서 웅녀가 후천을 거느리는 권한을 쥐고 일어나서야 하는 거예요. 그래서 100일 기도를 채워야 해요. 본인이 못했기 때문에 인간이 100일을 채워야 웅녀 어머니가 후천운을 모두 줄 수 있어요.

천신모상은 베트남에서 통옥으로 제작해서 2005년에 건립하였습니다. 허 전무는 기도에서 본 웅녀의 모습을 스케치해서 베트남 현지로 보내 만들었다고 합니다. 머리에는 월천관을 쓰고 있고 아기 단군을 안고 있습니다. 한 손엔 여의주를 쥐고 다른 손은 천수(天水)를 잡고 있는 것은 물이 조화(造化)를 관장하기 때문이죠. 천신모상 높이는 3m 입니다. 천신모상 아래의 『천부경』과 복전함 단상은 국내에서 제작하였습니다. 단상을 포함하면 천신모상 높이는 4.65m에 달합니다. 그 외 『천부경』, 『삼일신고』, 홍익인간 등을 새긴 비석들이 세워져 있습니다.

청도 태천궁에서는 음력 어천절과 양력 개천절에 제례를 지내고 있습니다.

| 태백 단군성전

태백산 정기가 서린 홍익정신의 전당

한민족의 영산 강원도 태백산(해발 1,560m) 입구에는 단군성전이 자리하고 있습니다. 마치 문지기 역할을 한다고 할까요? 연 60만 명이 태백산을 찾는다고 하는데, 최근 국립공원으로 지정되면서 도청 측은 100만 명을 내다보고 있습니다. 이들 가운데 단군성전을 찾는 경우가 많습니다.

태백 단군성전 현판
신덕선 글씨, 1990년

특히 강화도 마니산 참성단과 함께 태백산 천제단은 국내의 대표적인 단군 유적지인데요. 신령스러운 기운을 받기 위해 종교인과 무속인들이 모여 드는 성지입니다. 필자가 찾은 2017년 10월 31일에도 무속인들이 모여 '단군제와 산신제'를 올린다며 태백산 단군성전을 사용하고 있어서 이튿날 다시 방문해야 했습니다.

단군성전은 소도동에서 당골로 들어서면 만날 수 있습니다. 주목할 점은 소도라는 지명입니다. 소도천, 문곡소도동 등 인근의 지명도 비슷합니다. 중국의 고문헌에는 진(辰)과 삼한(三韓) 지역의 '소도'를 다음과 같이 기록하였습니다.

나라의 고을마다 각자 한 사람을 세워서 천신(天神: 하느님)에게 제사를 주관하게 하는데 이를 천군(天君)이라고 부른다. 또 여러 나라에는 각각 특별한 구역이 있는데 그것을 '소도'라 한다. 그곳에 큰 나무를 세우고 방울과 북을 매달아 놓고 귀신을 섬기는데 그 안으로 도망 온 사람은 누구든 돌려보내지 않았으므로 다들 도적질을 즐겼다. 그들이 소도를 세운 취지는 부도와 비슷

한 점이 있으나 행하는 일에는 선악의 차이가 있었다.[14]

한에 소도가 있었듯이 고조선에는 신단이 있었고 한에는 방울과 북을 매단 큰 나무가 있었던 것처럼 고조선에는 신단수가 있었던 것입니다. 이것은 고조선 후국들에서 단군 숭배 신앙이 제도화되어 있었음을 알려주는 기록이라고 볼 수 있습니다.[15]

현재 단군성전은 김창한 국조단군봉사회장의 가족이 상주하며 관리하고 있습니다. 성전을 건립하기 전에는 태백산에서 천제를 지냈습니다. 그런데 1970년대 어르신들이 연세가 많고 태백산에 올라가 제사하기가 힘들다고 단군성전을 건립하였다는 것이죠. 김 회장의 부친을 비롯하여 유지 8명이 1975년 국조단군봉사회를 조직하고 성금을 모아 단군성전을 지었습니다. 이후 1982년 태백산이 도립공원이 되자 공원에 걸맞게 성전을 개축하자는 논의가 이뤄져 기존의 단군성전은 태백시에 기부 채납하고 새로 지었습니다. 현재의 단군성전과 요사채가 그것입니다.

태백산 단군 영정
100×164cm, 1975년

태백산 삼신 위패
왼쪽부터 한배웅, 한배임, 한배검

국립공원 태백산 입구에 자리한 성전 규모는 전체 대지 면적 2370m^2이고 단군성전이 62.4m^2입니다. 성전은 정면 3칸, 측면 2칸의 단층 팔작지붕 건물입니다. 단군 영정과 삼신(한배웅·한배임·한배검)을 위패로 모셨습니다. 영정은 성전 건립 당시의 것으로 보이고 위패는 1970년대 이래 단군만 모시다가 김 회장이 상주한 2000년 이후 삼신으로 바뀠다고 합니다. 『천부경』을 새긴 큰 북이 오른쪽에 있으며 강효신(한의학 박사 1호)이 쓴 『천부경』, 『삼일신고』, 『참전계경』,[16] 한임말씀 등이 액자로 걸려 있습니다. 단군성전 현판은 신덕선이 쓴 것입니다. 그 외 1985년에 만든 단군교(檀君橋), 단군성전 표석, 『천부경』 비석, 단군상 등이 있습니다.

김 회장은 시민의 후원으로 성전 내에 무궁화를 심는 등 정성을 다해서 가꾸고 있었습니다. 등산객 중에는 애초에 방문할 생각이 없었는데 얼떨결에 성전에 들러 참배하고 올라가는 경우도 많다는 일화도 전했습니다. 그걸 보면 단군성전이 태백산 천제단만큼이나 사람들을 끌어당기는 신령스러운 기운이 서린 것 같습니다.

태백산 단군교 1985년

태백산 국조단군상

단군성전에서는 태백시의 지원을 받아 매년 양력 어천절과 개천절에 제례를 올리고 있습니다.

| 동해 단군성전

해오름의 고장에서 만난 국조

해오름의 고장, 동해시에도 단군성전이 있다는 사실을 안 것은 동해 출신 김기홍 강원도국학기공연합회장 덕분이었습니다. 성전은 망상동 만우마을 만우솔밭에 있더군요. 이 마을은 조선 숙종 때 약천(藥泉) 남구만(南九萬, 1629~1711)이 유배 왔다가 "동창이 밝았느냐 노고지리 우지진다"라는 시조를 지은 곳으로 유명합니다. 1655년(효종 7) 삼척부사 이지온(李之馧)이 파직되어 낙향하여 살 때 이곳 산수를 아끼고 사랑해 "이렇게 좋은 곳에 어찌 이리 늦게 왔나!(何相遇之晩)"라고 탄식한 데서 만우(晩遇)라는 이름을 붙였다고 합니다.

만우마을은 동해고속도로 망상요금소에서 남서쪽으로 2.7㎞ 거리에 있습니다. 만우솔밭은 수백 그루의 금강소나무 군락이 일품입니다. 시 지정 마을 휴양지이기도 합니다. 김 회장은 "어릴 적에 소풍 왔던 장소였다"라고 말했습니다.

김선균 단군정신선양회 동해시지부장이 안내한 단군성전은 솔밭 한쪽에 자리했습니다. 외문과 내문, 그리고 동재와 서재 등을 모두 갖춘 단군성전에 비하면 소박했습니다. 김 지부장은 무궁화를 심으며 성전을 관리하는 데 애쓰고 있었습니다. 시에서 제례비 180만 원을 지원하는 것이 전부이고 그 외 유지와 관리는 선양회 몫입니다.

성전은 개천절에만 문을 엽니다. 굳게 닫힌 성전의 문이 열리자 제단과 제례복, 제기, 단군 영정이 보였습니다. 영정은 대종교 표준 영정에 가깝습니다. 다시 문을 닫고 뒤로 갔는데 물품을 보관하는 컨테이너가 덩그러니 놓여 있었습니다. 김 지부장은 동재나 서재처럼 제례복을 보관하는 건물을 희망했습니다.

이번엔 기념비로 향했죠. 김인배(金仁培) 초대 지부장을 비롯한 창립 회원들이 세운 석탑과 국조단군숭모비, 남북평화비가 있습니다. 특히 숭모비에는 이용규가 쓴 『천부경』이 새겨져 있습니다. 제례는 유교식으로 진행되지만 『천부경』이 낭독된다는 점도 주목할 만합니다. 하늘과 땅과 사람이 모두 하나라는 천지인 정신을 담은 『천부경』을 대중에게 널리 알리고 있는 것이죠. 축문을 살펴봤습니다.

동해 단군 영정
단군성조 신위

> 단군님께 엎드려 비옵나이다. 하늘이 처음 열릴 때에 천신께서 내려오셔서 천부인 세 개를 드리니 이치가 깊습니다. 신시를 여시고 하늘을 계승하여 끝에 섰으니 처음의 이념은 홍익인간이라. (그 뜻을) 여러 서민들에게 입혀 큰 땅덩어리에까지 미쳤나니 도가 있고 덕이 큰지라 억만년 가기를 기원하나이다.

선양회는 매년 개천절에 단군조선의 건국이념이자 대한민국의 교육 이념인 홍익인간의 뜻이 억만년 가기를 기원하고 있습니다. 그렇다면 성전은 어떻게 만들어지게 된 것일까?

만우동 출신 김인배 지부장은 1985년 단군정신선양회(현 우리문화선양회) 동해시지부를 설립하였습니다. 이 단체는 단군의 건국이념과 개천 사상을 알리기 위해 만들어졌죠. 당시 회원들은 만우동 주민이 많았다고 합니다. 처음에는 사당도 없이 솔밭에 텐트를 쳐 놓고 제향하였습니다. 이를 본 모 여성회장이 컨테이너를 협찬하였습니다. 컨테이너 박스 안에서 제향하다가 지금과 같은 모습을 갖춘 것은 2008년입니다. 당시 동해시로부터 5000만 원을 지원받아 성전을 팔작지붕으로 건립하였습니다.[17]

동해 단군성전에서는 매년 양력 개천절에 제례를 올리고 있습니다.

단군 생일은 5월인가? 10월인가?

우리나라 양대 종교 기념일은 석가모니가 탄생한 음력 4월 8일과 예수가 탄생한 양력 12월 25일이 있습니다. '부처님오신날'이자 '성탄절'이라고 이름하며 법정공휴일로 기념하고 있습니다. 반면, 단군 탄신일은 국민에게 잘 알려져 있지 않습니다.

단군의 생일은 문헌에 따라 10월 3일과 5월 2일의 두 가지 설이 있습니다. 전자는 임시정부와 관련이 깊습니다. 1919년 9월 11일 대한민국 임시헌법의 전문에 단군의 건국 연도인 서기전 2333년을 인정합니다. 그해 음력 10월 3일 국조 단군을 추모하는 개천절 경축행사를 거행하였습니다. 기독교인 국무총리 이동휘(李東輝, 1873~1935)의 사회로 400명이 참석했는데, 행사명이 흥미롭습니다. '대황조성탄절 및 건국기원절 축하식(大皇祖聖誕節 及 建國紀元節 祝賀式)'이 그것입니다.

단군의 탄생을 예수의 탄생처럼 성인으로 보고 있습니다. 단군의 탄강일이 한민족의 건국일과 같습니다. 관련 행사는 『동아일보』에서 1924년 11월 9일과 1925년 11월에 보도하였습니다.

> 단군 탄강일을 성대히 기념. 음력으로 십월 초삼일은 우리의 역사(歷史)에 의지하야 사천삼백팔십이년 전 이날에 우리의 처음 임금인 단군(檀君)이 이 세상에 나려왔고 그 뒤 일백이십오년, 곧 지금으로부터 사천이백오십칠년 전 이날에 처음으로 단군이 임금이 되어 「배달」(조선)이라는 나라를 건설한 날이라 한다. 그래서 그 뒤에 단군의 교화인 대종교(大倧教)를 받드는 조선에서는 이날을 개천절(開天節)이라고 명하야 기념하여 왔스며 그 뒤에 임시정부에서는 이날이 대종교인 종교에서만 기념할 뿐이 아니라 실상인즉 우리 민족 전체가 이날을 기념하야 우리의 나라 역사가 처음으로 비롯한 것을 기념하지 아니하면 아니되겟다 하야 이날로써 건국기원절(建國紀元節)이라고 특별한 이름을 정하야 우리 민족 전체가 이날이 우리 경축할 만한 경사로운 날이라는 것을 정하였다.[18]

단군의 탄강일을 10월 3일이라고 명확히 밝히고 있습니다. 이는 신문 기사에 나온 것처럼 개천절을 제정하는 데 공헌한 대종교에 따른 것입니다. 백봉의 「단군교포명서」는 단군이 천명을 받아 태백산에 있던 단목영궁에 강림했다고 밝혔습니다. 단군은 하늘에서 내려와 나라를 처음 열었고 참다운 도를 세웠다는 것이죠. 단군의 강림은 대종교만의 주장은 아닙니다.

권근(權近, 1324~1409)은 1396년(태조 5) 명나라에 사신으로 갔다가 명 태조에게 지어 올린 '옛날 동이를 처음 개벽한 군주(始古開闢東夷主)'라는 시에서 단군이 직접 하늘에서 내려와 국인(國人)의 추대를 받아 고조선의 왕이 되었다고 밝혔기 때문입니다. 권근의 설은 조선시대 공인된 단군 전승으로 채택됩니다.[19] 구체적인 날짜는 난곡(蘭谷)이라는 인물이 1885년에 펴낸 『무당내력』에서 "상원 갑자 10월 3일 신인(단군)이 태백산에 내려왔다"에서 찾을 수가 있습니다.[20] 이후 신채호는 그의 저서 『조선상고문화사』에서 "10월 3일을 단군 탄일(誕日)이라 하여 이날에 제례를 올리는 것은 오늘날까지 민간에 유행하는 것"이라고 밝혔습니다.[21] 그 외 자하 선생의 『신교총화』에도 단군의 생일을 10월 3일이라고 하였습니다. 단군뿐만이 아니라 그의 부모인 환웅과 웅녀, 그리고 왕후의 생일까지 밝히고 있다는 점이 주목됩니다.[22]

반면, 단군이 태어난 날짜를 5월 2일이라고 주장하는 문헌은 『환단고기』가 유일합니다.

> 왕검의 아버지는 단웅이고 어머니는 웅 씨의 왕녀이며 신묘년 5월 2일 인시에 밝달나무 밑에서 태어났다.[23]

그렇기 때문에 단군이 토끼해에 태어난 인물이고 이날을 탄신절로 기려야 한다는 근거가 되죠. 하지만 단군의 탄신일에 관한 문헌을 비교하면 5월 2일보다 10월 3일이 더 오래됐다는 점입니다. 특히 임시정부에서 공식적으로 기념하였습니다. 대한민국은 임시정부 법통을 계승하고 있습니다. 따라서 단군의 탄신일을 기념행사로 열고자 한다면 10월 3일로 하는 것이 일제의 역사 침탈에 맞서 단군을 지킨 선조들의 얼을 제대로 계승하고 발전시켜 나가는 것이라고 생각합니다.

4장

서울 경기도

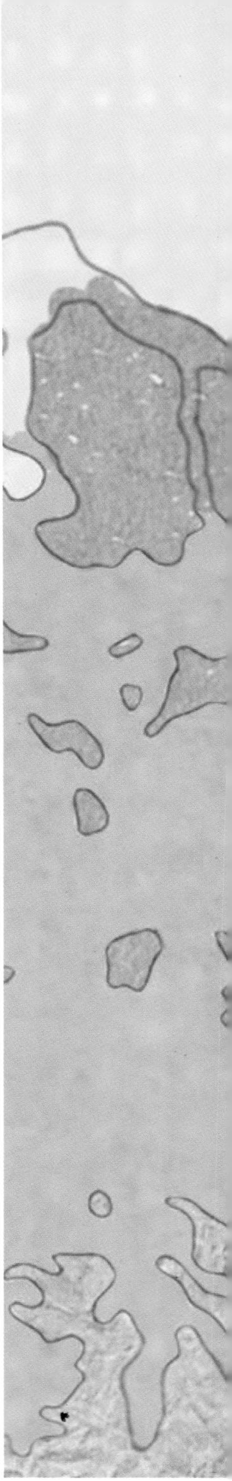

❶ 대종교총본사 천궁 – 서울시 서대문구 홍은중앙로 3길 89
❷ 시흥 단군전터 – 서울시 금천구 독산로 24길 43
❸ 천진사(천진궁) – 서울시 도봉구 도봉산길 91–2
❹ 현정회 단군성전 – 서울시 종로구 인왕산로 22
❺ 부천 향림사 단군성전 – 경기 부천시 소사로 386
❻ 가평 단군성전 – 경기 가평군 북면 목동리 161–1
❼ 여주 목아박물관 한얼울늘집 – 경기 여주시 강천면 이문안길 21

경기도
서울
인천
수원
1
2
3
4
5
6
7

*

대한민국 인구의 절반 가까이가 살고 있는 서울과 경기도에서 단군 사묘를 찾으려면 눈을 크게 뜨고 부지런히 발품을 팔아야 합니다. 외국 관광객이 많이 찾는 북촌부터 도봉산, 사찰, 박물관 등 곳곳에 숨어 있기 때문입니다. 일제가 짓밟은 단군의 역사는 광복 후 지금까지 다시 찾고자 하는 후손들의 정성에 모습을 드러냅니다. 지금부터 가 보겠습니다.

| 대종교총본사 천궁

나철과 대종교의 역사를 찾아서

국망도존의 가치

빼앗긴 조국을 되찾고자 독립운동에 나선 나철과 동지들은 단군을 정신적 가치로 삼습니다. '국망도존(國亡道存: 나라는 망해도 정신은 존재한다)'의 뜻이 그것입니다.[1] 신규식은 단군이 태백산 단목 아래 강림했다는 기록이 없었다면 한민족은 다른 민족에게 종속되고 말았을 것이라고 말한 바 있습니다.[2]

독립운동가에게 단군은 조국의 주권과 영토뿐만이 아니라 수천 년 역사와 문화 모두를 되찾는 사명과도 같았습니다. 우리의 말과 글을 지켜 낸 조선어학회, 일본군을 격파한 '청산리대첩'의 주역은 단군의 정신을 잇고자 하는 이들이었습니다. 바로 대종교인입니다. 서울에서 대종교 단군 사묘와 관련하여 세 곳을 차례로 답사합니다. 1909년 최초로 대종교를 중광한 터와 개천절 첫 행사지, 그리고 대종교 총본사입니다. 답사 전에 나철과 대종교 역사부터 알아보겠습니다.

대종교를 중광한 나철의 본명은 두영(斗永)이었으나, 인영(寅永)으로 개명하였다가 대종교 창교 후 철(喆)로 바꿨습니다. 호는 홍암(弘巖)입니다. 전남 벌교 출신으로 어려서부터 한학을 배워 29세에 장원급제하여 여러 관직을 역임합니다. 하지만 일제의 내정 간섭이 심해지자 관직을 버리고 독립운동에 나섭니다. 특히 일제가 1905년 을사늑약을 강제로 체결할 당시 한국 측 대신 가운데 조약에 찬성하여 서명한 다섯 대신을 '을사오적(乙巳五賊)'이라고 규정해서 암살을 주도한 인물로 유명합니다. 이들 5명은 박제순(朴齊純, 외부대신),

이지용(李址鎔, 내부대신), 이근택(李根澤, 군부대신), 이완용(李完用, 학부대신), 권중현(權重顯, 농상부대신)입니다. 비록 암살에는 실패하였지만 친일파를 처단하고 조국을 구하고자 무력도 불사한 나철의 독립 정신을 느끼게 합니다.

서창보(徐彰輔)등이 붙잡히고 친일파 암살 사건의 전모가 드러나자, 나철은 동지들의 고문을 덜어 주기 위해 오기호, 최동식(崔東植) 등과 함께 평리원에 자수하여 10년의 유배형을 받습니다. 고종의 특사로 그해 풀려나 1908년 다시 일본으로 건너가 외교적인 통로에 의한 구국 운동을 벌여 나가죠.

나철

나철은 그해 12월 5일 일본 동경의 한 여관에서 백봉의 제자 두일백을 만났습니다. 그는 "당신의 금후 사명은 단군교 포명서를 널리 홍보하는 일이오"라고 말했습니다. 나철과 동숙하고 있던 정훈모에게는 "국운이 이미 다하였는데 어찌 이 바쁜 시기에 쓸데없는 일로 시간을 허비하고 계시오. 하루 속히 귀국하여 단군대황조의 교화를 펴시오"라는 말을 하였습니다. 나철은 이때 큰 깨달음을 얻습니다.

"국운의 회복은 애국정객 몇 사람의 힘으로 되는 것이 아니다. 온 민족이 거족적으로 일치단결하여 생명의 근본인 단군대황조를 지성으로 숭봉하고 그 교화의 대은(大恩) 아래 신화(神化)의 대력(大力)이 있어야 하는 것이 아닌가"[3]

그가 귀국하고 이듬해 1월 15일(음력) 동지들과 단군교를 중광한 배경입니다. 나철은 백봉 사람들을 통해 『삼일신고』, 『신사기』, 『포명본교대지서』 등 경전과 의례서를 받았기 때문에 중광(重光)할 수 있었던 것이죠. 중광은 다시 세웠다는 뜻입니다. 나철은 이듬해 교명을 대종교로 개명합니다. 이후 단군 관련 문헌을 간행하고 개천절 제정 등 단군 알리기에 총력을 기울입니다. 불과 수년 만에 전국적으로 20~30만 명의 대종교도를 거느릴 정도로 일대 열풍을 불러일으킵니다.[4]

이에 놀란 일제는 1915년 10월 1일 조선총독부령 제83호 '종교통제안'을 공포합니다. 나철은 12월 21일 신교(神敎) 포교 규칙에 준한 신청서를 총독부에 제출합니다. 그러나 총독부는 다른 모든 종교 단체의 신청서를 접수하면서 대종교만은 신교가 아니라는 이유로 접수를 거부합니다.[5] 나철은 1916년 종통(宗統)을 김교헌(개명한 이름은 김헌)에게 전하고 구월산 삼성사에서 제천의례를 올리고 유서를 남긴 뒤 수행으로 자결합니다.[6] 그가 죽기 전에 남긴 「순명삼조(殉命三條)」입니다.

一. 철은 죄악이 심중하고 재덕이 비박하여 능히 한배님의 큰 도를 빛내지 못하였으며, 능히 신족(神族)이 빠져듦을 건지지 못하고, 도리어 오늘의 모욕을 받는지라. 이에 한 오리 목숨을 끊음은 '대종교'를 위하여 순교하는 것이다.

一. 철은 공경히 받든지 여덟 해에 원도를 하면 늘 영험함이 응하여 한얼님의 은총과 사랑을 여러 번 입어서 묵계와 묵우로써 장차 뭇 사람을 구원할 듯하였으나, 정성이 미천하여 그 은혜에 만에 하나도 보답치 못하였는지라. 이에 한 오리 목숨을 끊음은 '한배님'을 위하여 순교하는 것이다.

一. 철이 이제 온 천하 동포 형제자매가 참됨이 미혹되어 가달길에 빠져 끝내 고통과 어두움에 떨어지는 이들의 죄를 대신으로 받을지라. 이에 한 오리 목숨을 끊음은 '천하'를 위하여 순교하는 것이다.

단제강세 4373년 병진 가배절 대종교 도사교 나철

보성군은 나철 서거 100년을 기념해 2016년 11월 '나철 100주년 기념관'을 조성하였고 단군정신과 독립운동의 역사를 전하고 있습니다.[7] 주목할 점은 당시 나철 등이 제천의례를 거행했던 육간 초가입니다. 대종교 최초의 단군 사묘로 볼 수 있지만 중광한 지 100년이 지나도록 어디인지 확인이 되지 않았기 때문입니다.

대종교 중광터와 개천절 행사지

대종교 중광터는 미국에 거주하는 최남선의 손자 최학주 씨가 조부의 유품 가운데 나철의 친필 「중광가」를 공개한 것

이 큰 힘이 됐습니다. 원본에서 '가회동 14번지 이봉춘 현거(嘉會洞 十四番地 李逢春 現居)'라는 주소가 적혀 있는 것이 발견된 것이죠. 1927년에 14-1번지로 바뀌었고 광복 이후 여러 사람이 살다가 2001년 (재)대한불교조계종 안국선원에서 인수하였습니다. 안국선원 본관 오른쪽 한옥 건물이 대종교를 중광한 터로 보입니다. 2015년 12월 서울시에서 표석을 설치하게 됐고 이는 북촌을 방문하는 국내외 관광객에게 대일항쟁기

안국선원 (조춘희 국학인물연구소장 제공)

대종교 중광터 표석

단군운동 역사를 알리는 계기가 되었습니다.

대종교 중광 터와 함께 주목할 곳은 개천절 첫 행사지입니다. 중광터와 멀지 않습니다. 서울 지하철 3호선 안국역 3번 출구에서 5분 정도 걸으면 현대건설 본사 건물이 나옵니다. 그 옆에 원서공원 기념비 뒤로 계단을 오르면 느티나무를 발견할 수 있습니다. 나철은 가회동에서 대종교를 중광하고 교인이 늘어나자 교옥(교회 건물)을 자문동(紫門洞)으로 옮겼습니다. 자문동은 〈경성부(서울시) 시가도〉를

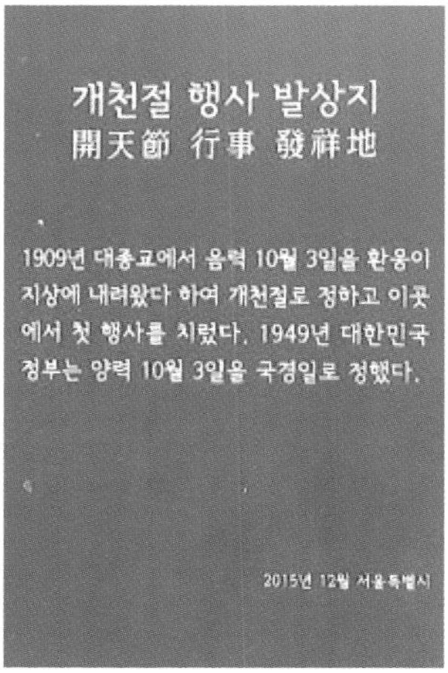

가회동 느티나무
개천절 첫 행사지 추정

개천절 첫 행사지 표석

홍은단과 대종교 지도자 추모비
왼쪽부터 나철, 김헌, 윤세복, 서일

살펴보면 원서공원 뒤편입니다. 느티나무와 가옥 사이가 1909년 최초로 개천절 행사가 열린 장소입니다.

서울시는 2015년 12월 원서공원 오른쪽 길가에 '개천절 행사 발상지' 표석을 세웠습니다. 대종교 개천절 행사는 임시정부 기념일로 이어졌고 광복 후 국경일 제정과 함께 오늘날 대한민국 정부 경축 행사로 자리매김하고 있습니다.

대종교 지도자 추모비와 총본사 천궁

이제 대종교 단군 사묘가 있는 서울 서대문구 홍은동 대종교 총본사로 가 보겠습니다. 총본사는 광복 후 세 번의 이전을 거쳤습니다. 1946년 서울 중구 저동 2가 7번지에 총본사를 설치하였고, 1957년 서울 종로구 당주동 66번지로 이전하였다가 1965년 서울 서대문구 홍제동 92-1번지로 옮겼습니다. 1982년 홍은동 13-78번지로 이전해서 오늘에 이르고 있습니다. 파란 지붕과 하얀 벽이 인상적인 대종교 총본사

건물은 2동으로 총본사와 천궁(天宮)이 있습니다. 넓은 주차장을 지나 총본사에 오르는 계단 왼쪽에는 홍은단(弘恩壇)과 대종교 지도자 4인의 추모비(나철·서일·김교헌·윤세복)가 있습니

대종교 지도자 영정
왼쪽부터 서일, 나철, 김헌, 윤세복

대종교 임오십현 영정

다. 13대 총전교를 역임한 봉우(鳳宇) 권태훈(權泰勳, 1900~1994)이 대종교 중광 80주년을 기념하여 1989년에 건립한 것입니다. 권태훈은 1984년 김정빈의 소설 '단(丹)'의 실제 주인공입니다. 당시 책이 베스트셀러가 되면서 봉우는 대중들에게 '선인(仙人)'으로 알려질 만큼 유명했습니다. 그는 총전교로 재임하며 대종교에 재정적 후원을 아끼지 않았다고 합니다.

대종교 천궁 현판

총본사에는 사무실과 총전교실이 있습니다. 대종교 단군 조상은 서고에 있습니다. 조상 하단에 '성조단군(배달임금) 한배검'이라고 새겼지요. 조상 높이는 42cm이며 재질은 석고이고 1975년에 제작한 것이라고 합니다.

천궁에는 단군 영정인 천진이 있습니다. 대종교 측은 지성채(池盛彩) 화백이 1945년에 그린 것이라고 밝혔습니다. 대종교 단군 영정은 1949년에 국회의 동의를 받고 대한민국 국조 성상 표준본으로 공인된 것입니다. 이 과정에는 초대 문교부 장관이자 대종교인 안호상의 공로가 컸습니다. 1976년 6월 14일에는 문화공보부 장관으로부터 '문화 1740-8790호'로 대종교 천진이 '국조 단군 표준 성상'임을 승인하였습니다. 1976년 12월 28일에는 '문화 1740-19226호'로 단군 천진을 성상심의위원회에서 심의하고 심의 사항대로 제작하였으며 '대종교 총본산에서 제작한 것만을 존중키로 확인'한다는 국조 성상 제작 확인서를 받았습니다.[8]

천궁은 대종교의 4대 경절을 선의식으로 봉행하는 곳입니

대종교 천진, 지성채
1946년(대종교 제공)

대종교 단군 조상인
성조단군(배달임금)
한배검
1975년

다. 선의식의 '선(禶)'자는 '천제 선, 제사지낼 선' 자로서 한얼님(하느님)께 제사지내는 제천의례를 말합니다. 의례복은 백색입니다. 백의민족을 상징하고 국조 단군 한배검의 은혜에 정성을 다하여 보답한다는 마음의 표상이죠. 4대 경절은 음력 10월 3일 단군 한배검께서 나리신 개천절, 음력 3월 15일 단군 한배검께서 다시 하늘로 오르신 어천절, 음력 1월 15일 대종교를 다시 빛낸 중광절, 음력 8월 15일 나철이 조천한 가경절입니다.

천진을 중심으로 왼쪽 방에는 나철, 김헌, 서일, 윤세복 영정이 있고 오른쪽 방에는 임오십현(壬午十賢) 영정이 있습니다. 임오십현은 1942년 임오년에 일어난 일제의 대종교 박해 사건으로 순교한 10명의 간부를 말합니다.

현재 나철의 종손부(宗孫婦: 아들의 며느리)인 박민자 씨가 2018년부터 21대 총전교를 맡고 있습니다.

| 시흥 단군전 터

표석만 남은 단군전의 역사를 아십니까?

서울의 또 다른 단군 사묘는 시흥 단군전이 있습니다.[9] 대일항쟁기 명월관과 식도원 등을 경영한 안순환이 개인 재산을 털어 세운 것입니다.

안순환이 단군전을 세운 것은 단군교 교주 정훈모와의 만남이 계기가 됐습니다. 사연은 이렇습니다. 1909년 나철과 함께 단군교를 중광한 정훈모는 북부지사교를 맡아 헌신적으로 포교했습니다. 그런데 이듬해 교단에서 교명을 대종교로 변경하겠다고 밝히자 정훈모는 교명을 지키겠다며 뛰쳐 나오게 됩니다. 이후 『천부경』, 『삼일신고』, 『성경팔리』 등 경전 간행과 교리의 체계화에 주력합니다.

단군교 교주 정훈모
(정달영 제공)

임채우 교수(국제뇌교육종합대학원대학교 동양학과)는 "정훈모 선생은 역사적으로 대단히 중요한 분임에도 불구하고 후대에 가장 저평가된 지도자라고 생각한다. 그분이 아니었다면 우리가 보고 있는 민족 경전은 거의 볼 수 없었기 때문이다. 당시 민족 경전들을 심혈을 기울여 수집했고 정리해서 발간한 분이다. 평생을 단군교 수호에 희생하신 분이다"라고 설명했습니다.

정훈모는 홍주의병에 앞장섰던 청양군수 정인희의 장남으로 태어나 영춘군수 등을 지내며 관료의 길을 걸었습니다. 군수 재임 시절 애국 계몽 운동에 관심을 보여 대한자강회와

기호흥학회에도 가입한 것으로 나옵니다. 이후 단군교 영계를 받고 중광 멤버가 된 것이죠.

1929년 안순환은 초가에서 가난하게 살며 단군상을 모시고 있는 정훈모의 모습에 감동을 받습니다. 그는 녹동서원 내 단군전 건립을 제안합니다. 물론 단군을 숭봉하자는 뜻도 있었지만 조선유교회장이던 안순환이 단군교와 유대 활동을 통해 유교회 발전을 도모하겠다는 의도가 있었습니다. 그는 단군을 우리 민족의 원조이자 동방의 성신으로 받들면서 "단군교는 우리 고유의 유교"라고 주장합니다. 공자를 존경하는 자는 단군을 존경하지 않을 수 없다는 논리를 펼친 것이죠.[10] 안순환은 정훈모와 손을 잡고 1930년 3월 2일 식도원에서 성전건축발기회를 만들고 10월 3일 단성전 낙성식 및 단군 소상(塑像) 봉안식을 개최합니다. 단군전은 단성전(본전, 6칸)과 계신당(강당, 8칸), 승화문(정문, 3칸), 재실(5칸)을 갖추었습니다. 정훈모는 서울에 있던 단군교 총본부를 이곳으로 옮기고 구월산 바위 속에서 발견한 단군 소상을 봉안했습니다.

매년 봄가을에 제사를 지냈지만 일제의 탄압으로 단군전은 1936년 땅에 묻히고 맙니다. 이후 끊어질 것 같던 단군의 맥(脈)은 광복 후 시흥군을 중심으로 결성한 '단군전봉건회'가 잇습니다. 이 단체는 1948년 2월에 단군전을 옛 모습으로 중수합니다. 독립운동가 이시영의 휘호와 김은호 화백이 그린 단군 영정을 봉안하여 봄가을에 제사를 지냈다고 합니다.

시흥 단군전 사진을 살펴보면 '단군교 본궁'이라는 현판이 눈에 띕니다. 1981년 다시 헐리는 비운을 맞기 전까지 단군교가 이곳을 무대로 활동을 재개했음을 알 수 있습니다. 이후 단군전은 안양으로

단군전봉건회 시흥 단성전 (한산 대사 제공)

이전됐고 연립주택(단군빌라)이 들어섭니다. 주택 앞에 있던 단군전 터 표석만 남게 된 것이죠. 그런데 2013년 1일 서울시문화재위원회 표석분과위원회에서 2016년까지 표석의 오류를 바로잡는 정비 사업 중 하나로 시흥 4동 단군전 터는 아무런 가치가 없으니 철거하자는 말이 나왔습니다. 이에 안희찬 금천문화역사포럼 대표는 철거 반대 의견서를 내며 이렇게 말했습니다.

단군전 터에 관해서는 심상석의 『녹동일기』(1933)와 『향토문화지』(1996)에서도 명확하게 언급하고 있습니다. 이곳은 주민들의 생활과 밀접한 주거지와 공원 인근에 설치되어 있어서 언제나 쉽게 찾아가서 볼 수 있습니다. 단군전터 표석 철거 문제는 다른 지역보다 상대적으로 부족한 금천구의 문화유산과 이를 보존하고자 노력하는 시민들에게는 부정적인 결과를 초래할 수 있습니다.

하마터면 사라질 뻔했던 단군전 터 표석을 전문가와 시민단체의 힘으로 지켜 낸 것입니다. 2013년 12월 현지 답사할 때 단군빌라의 이름으로 연립주택 2동과 단군 어린이공원, 단군공원길이 푯말로 세워져 있는 것을 확인하였습니다. 공원길 위로는 삼성산입니다. 도로명은 현재 '독산로' 이전에 '단군로' 로 불렸다는 점에서 단군전이 있었음을 간접적으로 말해 줍니다.

단군전 터 표석

하지만 단군전 표석의 비운은 계속되고 있습니다. 2016년 단군빌라 대신 새 건물(디비하우징)이 들어서자 표석의 명판만 위치를 바꿨더군요. 2018년 12월 2일 현장을 확인하며 독립적인 공간에 역사의 유적을 알리는 표석을 세우는 것이 상식인데, 관할 구청의 부실한 행정 조치를 보니 안타까운 마음이 들었습니다.[11]

| **천진사**(천진궁)

도봉산에 앉아

등산객을 맞다

연간 수백만 명의 등산객이 찾는 도봉산(해발 739.5m)은 서울 도봉구와 경기도 의정부시·양주시에 걸쳐 있는 산입니다. 북한산과 함께 북한산국립공원에 포함되어 있죠. 이곳에 대형 단군상이 있다고 해서 천진사(天眞寺)를 답사하였습니다.

서울 지하철 7호선 도봉산역에서 내려 10분 정도 걸으면 도봉탐방지원센터에 도착합니다. 이곳에서 도봉서원 방면으로 걷다 보면 천진사까지 1시간 정도 걸립니다. 사찰이 가까워지면 정문 위로 단군상 얼굴 부위가 보입니다. 신문과 관련 자료는 9m에 이른다고 밝혔지만 직접 살펴보니 단군상은 6m이고 밑에 단상을 포함한 높이임을 알 수 있습니다.

디지털도봉문화대전에 따르면 천진사는 불교 조동종(曹洞宗)의 사찰이며 1940년대 승려 국당[菊堂, 속명 전흥인(全興仁, 1924~2003)][12]이 창건하였고 1997년에 대부분의 건물을 고쳐 지었다고 합니다. 그런데 1997년에 건물을 고쳤다는 점은 주목됩니다. 왜냐하면 이강오는 천진사가 아니라 천진궁(天眞宮) 혹은 삼성전(三聖展)이라고 밝혔기 때문입니다. 단군상 하단 오른쪽 비석을 살펴보면 천진궁이 확인됩니다. 건물을 고쳐 짓는 과정에서 단군상만 남은 것이 아닌가 추정할 수 있습니다.

먼저 창건주 국당에 관해 알아보겠습니다. 국당의 제자이자 천진자 주지인 능인 스님은 “강원도 유점사에 있던 해문스님이 탁발을 나갔는데 어린 국당 스님을 만난 거죠. 관상을 보니 출가를 하지 않으면 험한 일을 당하겠다고 생각하신 거예요. 부모의 승낙을 받고 유점사로 데려갔다고 해요. 그래서 출가하시게 된 거예요"라고 말했습니다. 유점사는 강원도 금강산의 내금강 지역에 있는 사찰입니다. 국당이 단군상을 세운 계기는 이렇습니다.

한배검 할아버지라고 하시잖아요. 스님이면서도 (국조 단군을) 제일 많이 숭배하셨어요. 부처님과 단군을 모시는 것은 근본적으로 다르거든요. 국당 스님이 단군에 관한 현몽을 꾸신 적이 있다고 들었어요. 도봉산에 오실 때 단군상을 세우고 싶어 하신 것으로 알아요.

국당의 비문을 살펴보면 "단군성상을 모셔 놓고 나라를 빼앗긴 설움을 달래며 민족정기를 일깨웠다"라고 나옵니다. 일제로부터 수차례 투옥을 당했다는 점에서 그의 삶은 단군과 민족정신으로 일관했던 것을 알 수 있습니다.

반면, 이강오는 전흥인이 15세 때 신명의 지시에 의해 개성 사직단에 삼성각을 건립하고 화공을 시켜 신상을 그려 모셨다고 주장합니다. 군 복무를 마치고 인천에서 한약종상(漢藥種商)을 경영하였고 단군신의 계시로 대성전이라는 전각을 짓고 신도들의 성금을 거두어 단군성상을 건립하였다고 설명합니다. 단군상 조성비는 당시에 약 3백만 원이 들었고 1967년 10월 3일 제막식과 함께 천제를 올렸습니다.[13]

조각가 이홍수는 "원래 단군상 재질은 시멘트였다. 남해 단군성전을 건립한 김연섬 할머니가 FRP로 새로 입히고 색도 칠하도록 했다"라고 전했습니다.[14] 단군상 건립 이후 전국에서 절을 찾는 사람들의 발길이 끊이지 않았습니다. 그들 중에는 단군상에 참배하고 제를 지내기도 했습니다.

국당 초상화

천진사에는 단군상 외 범종각, 대웅전, 산신각, 요사채가 있고 계단을 오르면 오층 석탑, 미륵상, 천불전 등이 있습니다. 천불전에 국당과 그의 스승 해문의 초상화가 있는데 국당의 초상화는 염주를 쥐고 있고 승려의 복장을 하고 있습니다. 창건주와 관련하여 창건주국당전홍인공덕비, 국당대종사탑비와 부도탑이 있습니다.

매년 봄가을에 제례를 하였지만 현재는 천진사에서 개천절 등에 단군제례를 봉행하지 않습니다.

| 현정회 단군성전

종교와 사상을 초월해서

국조를 숭모하자

현정회 단군성전은 개천절에 가장 많은 언론의 스포트라이트를 받는 곳입니다. 서울 광화문 거리에 있는 신문사와 방송국 기자들이 촬영하기 가깝다는 장점이 크기 때문이죠. 성전은 서울 종로구 사직공원에 자리하고 있고 인왕산(해발 338.2m)이 병풍처럼 감싸고 있습니다.

현정회 단군성전 현판
김응현 글씨, 1990년

이건봉 현정회 이사장은 등산객을 포함해 연 10만 명 이상 단군성전을 방문한다고 밝혔습니다. 이 이사장의 머리는 반백이고 주름이 있지만, 미소는 따뜻하였습니다. 성전을 건립한 이숙봉(李淑峰, 1917~1996)이 그의 어머니입니다.

현정회(顯正會)란 이름은 초대 이사장인 이희승(李熙昇, 1896~1989)이 파사현정(破邪顯正), 즉 그릇됨을 깨고 바름을 드러낸다는 말에서 지은 것입니다. 단군을 중심으로 민족 주체성 확립을 위하여 조직된 사단법인인데요. 1968년 이희승(이사장), 이희수(부이사장), 이항녕 등이 주축이 되어 창립하였습니다. 초대 이사장은 이희승이 맡았지만, 단군성전을 세운 인물은 이정봉(李貞峰, 1916~2001)·이숙봉·이희수(李喜秀, 1928~2000) 자매입니다. 이들은 부친 이한철(李漢徹) 옹의 유지를 받들어 민족의 본원과 주체성을 되찾고 호국 정신을 앙양하고자 단군성전을 건립하였습니다. 이 이사장은 이렇게 말하였습니다.

외할아버지께서 충남 봉황산에서 단군 할아버지 제사를 지내

이정봉, 이숙봉, 이희수(오른쪽부터)와 옛 단군성전(현정회 제공)

고 독립운동을 하셨어요. 어머니가 어렸을 때 철저히 교육을 받았지요. 아마도 그 뜻을 어머니와 형제들이 이어받으신 것 같습니다. 광복을 맞이하고 어머니는 일가친척 100여 명과 함께 일제에 의해 훼손된 단군제단을 설치했으나 한국전쟁으로 사정이 여의치 못하였다고 해요. 어려운 피난살이 속에서도 고향에서 끊임없이 단군제를 지냈다고 들었습니다.

단군성전의 주역 세 자매 중에서도 천화불교(天華佛敎) 창교주 이숙봉의 역할이 컸습니다. 호는 모선(母仙)입니다. 이숙봉은 7남매 중 넷째 딸로 태어났습니다. 불사의 큰 원을 세우고 명산대천을 헤매며 기도와 수도에 전념합니다. 이후 이숙봉은 서울시 용산구 한강로 2가에 작은 사찰을 짓고 신앙 생활에 들어가죠. 광복 후 1949년 천안 일봉산 밑에 광명사(光明寺)를 세웁니다. 1955년에는 다시 꿈속의 계시로 서울 사직단 내 일본 절을 발견하고 매입한 뒤 정비해 천관암이라고 하였습니다. 이 이사장은 "이때부터 어머니가 사직단 복원과 단군성전 건립을 위해 노력했다"라고 말했습니다. 이곳에 조각가 신상균(申相均)이 만든 사직신상[15]과 단군 소상을 봉안합니다.[16]

현정회 사직신상
신상균 작, 1955년

사직신상 높이는 2.3m, 너비는 1.8m입니다. 단군 소상은 2.78m(둘레 3.4m, 배면 넓이 1.3m, 전면 넓이 1.24m)이고 재료는 조각용 시멘트와 완료, 페인트입니다. 당시 단군 소상 제작비는 100만원이 조금 넘게 들었다고 합니다.

이숙봉은 1958년에 고향인 충남 천안 북면 오곡리에 봉관사와 단군성전을 건립합니다. 이곳은 이한철 옹이 일제의 눈을 피해 숨어서 국조 단군 봉선제를 지냈던 장소입니다. 2018년 2월 현장에 가 보니 오곡리는 40~50가구밖에 살지 않는 전형적인 시골 마을이었습니다. 주민들 말로는 이숙봉 생전엔 10배 이상 거주했다고 합니다. 당시에 교통도 불편했을 텐데 이런 깊은 산골에 단군성전을 건립한 것을 보고 놀랐습니다. 천안 최초의 단군성전이기 때문이죠. 지금은 허물어져 있어서 복원이 시급한 실정입니다.

이숙봉은 단군이 승천한 날을 기리는 어천절대제를 1962년 3월 15일에 처음으로 지냈습니다. 1967년 8월 1일에는 현정회가 공익법인으로 허가를 받습니다. 이듬해 8월 24일 단군성전이 준공되자 현정회로 이관합니다. 천관암에 있던

현정회 단군상
신상균 작, 1955년

현정회 단군 영정
115×170cm, 홍석창 그림, 1978년(현정회 제공)

단군 소상은 단군성전으로 이전하였고 역대 시조 왕과 충국 열사들의 위패를 모셨습니다. 250평 대지에 신축한 성전의 건립비용은 800만 원으로, 이숙봉의 희사를 바탕으로 신도들의 성금을 모아 마련한 것입니다.[17]

이숙봉이 성전을 건립할 때 중도에 붕괴하는 등 우여곡절이 많았지만 그럴 때마다 단군이 현몽했다고 합니다. 단군이 영적으로 도움을 주어서 건립할 수 있었다는 기록이 있습니다.[18] 당시 성전엔 김종래가 유화로 그린 단군 영정이 봉안됐습니다. 단군성전은 1973년 서울시 보호문화재로 인정받았고 단군 소상은 1977년 국민경모상(문공부 심의번호 77-17)으로 지정됐습니다. 이어 1978년에는 홍석창 화백이 그린 영정으로 교체됐고 정부 표준 영정으로도 지정됐습니다.[19]

앞서 살펴본 것처럼 서울시 단군성전 건립 계획이 좌절되자 현정회 회원들의 성금으로 오늘날의 단군성전으로 개축한 것입니다. 반면, 사직기념관은 새로 건립하지 못하였고, 사직신상은 서울 종로구 누상동 산 1-3번지로 옮겼죠. 단군성전의 땅은 문화재청 소유이고 시설물은 종로구청 공원시설물로 있습니다. 현정회는 종로구로부터 수탁 관리를 하고 있습니다.

한편, 단군성전과 관련하여 두 명의 인물을 살펴볼 필요가 있습니다. 첫 번째는 초대 이사장을 역임한 이희승입니다. 국어학자인 그가 어떻게 단군을 알리는 일을 하게 됐는가라는 물음입니다. 당시 이희승은 서울대학교 교수, 동아일보사 사장을 역임한 사회 엘리트 중의 한 명입니다. 이희승은 서구 풍조에 맞서 단군을 지켜야 한다는 입장이었습니다.

> 지금은 지식인 사회가 정신적·물질적으로 서구 풍조에 휩쓸려 있지만 멀지 않아 우리 전통사상을 위한 사상적 개편의 시기가 옵니다. 이때를 대비해서 뭔가 한국인들이 마음속에 공유하고 있는 정통의 불씨를 잘 보존해야 하는데 그것이 단군입니다.[20]

현정회는 다른 단군 숭모 단체와 달리 종교색을 배제하고 순수한 국조 숭모 단체로 출발합니다. 이는 종교나 사상을 초월해서 단군을 중심으로 민족의 동질성을 회복하자는 이희승의 뜻과 같습니다.[21]

현정회 위패
왼쪽부터 단군, 단군 왕후, 환인, 환웅[22]

두 번째는 김미희입니다. 앞서 '단군 사묘의 역사'에서 살펴본 것처럼 서울 삼청공원 내 단군전 건립을 처음부터 추진한 인물입니다. 그녀 또한 종교를 초월한 국조 단군의 정신을 강조하였습니다.

> 가까운 일본이나 다른 나라들을 보면 자기들 조상신을 모시고 독특한 민족정신으로 단결하여 국가가 발전하고 있습니다. 우리나라도 종교를 초월해 국조 단군의 건국 정신으로 흩어진 마음과 사상을 하나로 모아야 합니다. 민족의 얼을 찾고 국운을 빌고 나아가 남북통일을 기원하기 위해서 시작해야 합니다. 단군 숭모의 더 큰 뜻은 민족의 귀일처를 찾아보자는 것입니다.[23]

김미희가 단군에 관심을 두기 시작한 것은 1965년 이숙봉이 단군을 모신 것을 보고 나서입니다.[24] 이후 1977년 현정회 이사로 참여하죠. 1990년 단군성전 개축에는 총 3억 원의 건립 기금 중 그녀의 아들 김석원(金錫元)이 어머니의 뜻을 잇기 위해 직원들과 함께 2억 원을 기부하였다는 점도 주목할 만합니다.

현재 단군성전은 전체 대지 면적 241.99평(800.7㎡)에 성전이 16평(52.92㎡), 정문인 내외삼문이 5.63평(18.64㎡), 관리실이 32.56평(107.64㎡) 등으로 이루어져 있습니다. 단군성전 현판은 서예가 김응현이 1990년에 쓴 것입니다. 현정회는 매년 양력으로 어천절과 개천절에 제례를 올리고 있습니다.

| 부천 향림사 단군성전

사찰 창건과 함께 단군상을 모시다

산이나 도시 외곽에 있는 사찰과 달리 향림사(香林寺)는 부천 소사역에서 부천종합운동장으로 가는 중간에 있어서 찾는 데 어려움이 없습니다. 원미산을 배경으로 자리한 향림사는 부처를 모신 대웅전과 단군을 모신 성전 두 곳을 모두 가지고 있는 사찰입니다. 유정자(劉貞子) 보살이 남편 최재형(崔載亨) 처사와 1968년에 창건하였더군요. 50년 이상의 역사를 자랑합니다. 원래는 천군사였는데 1994년에 개칭한 것이죠. 한국불교 태고종 소속입니다.

부천 향림사 단군성전 현판 1971년

초대 주지 법은 스님에 따르면 유 보살은 이숙봉이 만든 천화불교 신도였습니다. 집에 부처를 모시고 신앙하다가 향림사 터전이 경매로 나오자 구입하였죠. 향림사에 단군성전을 건립한 것은 단군의 계시에 따른 것이라고 합니다. 신도들의 성금을 모아 3년의 공사 끝에 1971년 정면 3칸, 측면 2칸의 팔작지붕으로 성전을 건립하였습니다. 앞서 이숙봉이 천안과 서울에 사찰과 함께 단군성전을 건립한 것과 크게 다르지 않음을 알 수 있습니다. 당시에는 유 보살과 이숙봉 간의 교류가 활발했던 것으로 보입니다. 법은 스님의 모친 또한 유 보살과 함께 천화불교 사찰에 다녔다고 말하였습니다.

현재 주지인 법공 스님의 안내를 받고 단군성전의 문을 열었습니다. 흰옷을 입은 대형 단군상이 위용을 드러냈습니다. 단군상은 높이만 2.75m에 달하였습니다. 현정회 단군상이

2.78m라고 하니 큰 차이가 없습니다. 법은 스님은 단군성전 현판을 제작한 서모 작가가 1968년에 단군상 또한 만들었다고 밝혔습니다.

단군상은 왼쪽에 걸린 단군 영정을 참고해서 조각하였습니다. 영정과 상이 다른 점이 있다면 영정은 흰 수염을 한 단군이 좌우 용머리를 새긴 의자에 앉은 모습입니다. 구름 위에 올라 단군의 후광(後光)을 태양처럼 비추는 모습이 신비로움을 더합니다. 또 다른 영정은 현정회 단군성전에 처음 모셔진 김종래 화가의 단군 영정과 같은 것입니다. 위패는 '국조신위'라고 썼습니다. 그 외 사직신 위패와 영정, 개국시조 위패(기자조선·가야·고구려·신라·백제·고려·조선 시조)가 있습니다.

부천 향림사 단군상
1971년

단군 위패
'국조신위'

성전 앞에는 유정자 보살과 남편 최재형 처사의 비석이 건립되어 있습니다. 한국전력에 다니던 남편의 도움을 받으며 유 보살은 신도들과 함께 사찰과 단군성전을 모두 건립하는 역사를 만든 것입니다. 비슷한 시기에 출발한 서울 현정회 단군성전과 달리 향림사 단군성전은 모르는 사람이 많습니다. 대외적으로 단군성전을 알리기보다 신도들과 음력 어천

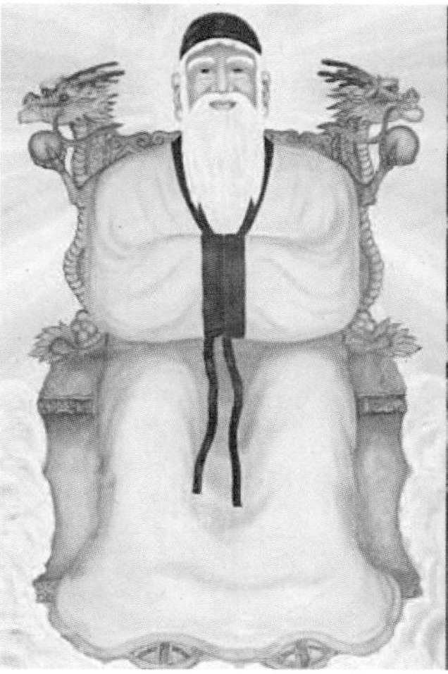  

절과 개천절에 제례를 올리는 것으로 후손 된 도리를 다하였기 때문이죠. 문을 항상 열어 둔다고 하니, 경기도 부천에서 단군을 만나 보시기 바랍니다.

부천 향림사 단군 영정
59×99cm, 1968년

부천 향림사 단군 영정
김종래

부천 향림사 사직신 영정

| 가평 단군성전

국조를 모시고 순국선열추모비도 세워

가평 단군성전 현판

2017년 2월 조영순 단군정신선양회 가평지부장과 함께 가평역 앞에서 승용차를 타고 도착한 집은 시골의 한적한 농가였습니다. 계관산(鷄冠山, 해발 730m) 아래에 있지요. 개 두 마리가 낯선 이의 방문을 경계하듯 짖어댔습니다. 고양이들은 눈치를 보면서 피했습니다. 안방에는 피태옥 씨가 누워 있었는데, 피 씨는 단군성전 설립자 김춘자(金春子, 1930~2000) 선생의 이종사촌입니다. 조 지부장은 김 선생의 올케가 되지요. 이들 셋이 한복을 곱게 입고 나란히 촬영한 액자가 눈에 띕니다. 한복에는 태극기를 새겼더군요. 조 지부장은 "항상 나라를 위해서 (김 선생은) 태극기를 그렸다"라고 말했고, 피 씨는 "유불도(儒佛道)를 공부했지, 고생을 많이 하고 돌아가셨어"라고 회고했습니다.

두 사람의 말을 종합해 보면 김춘자 선생은 서울 출신으로 어릴 적부터 남달랐습니다. 말은 별로 없었지만 영적(靈的)이었다고 합니다. 결혼하고 남매를 낳았으나 가정보다 구도를 위해 인생을 바쳤습니다. 그렇다면 어떻게 국조 단군을 모시게 된 것일까요?

단군정신선양회 가평지부의 안내판에 따르면 "기미년에 삼일독립운동을 발발시켰던 자리이며 선조들의 애국충절의 요충지로서 뜻을 이루지 못하고 많은 피를 흘렸던 사연이 많은 이 고장에 국조 단군왕검의 석상을 모시게 되었다"라고 밝혔습니다. 조 지부장은 "당신의 뿌리이니깐 할아버지를 모신 거야. 그분을 알고 있는 사람도 (선생이) 나라를 위해 공부

했지만 뿌리를 바로 세우기 위해 하신 거라고 했어요"라고 덧붙였습니다.

가평 국조 단군 석상
1988년

선양회는 1964년 비영리법인으로 설립됐고 가평지부는 1983년 현 위치에 세워졌습니다. 김 선생을 따르는 수많은 회원들의 성금으로 1988년 음력 1월 15일에 단군 석상을 건립한 것입니다. 석상의 높이는 1.25m이고 단상을 포함하면 2m가 넘습니다. 대종교 단군 영정을 그대로 석상화했다고 보면 됩니다. 주위엔 무궁화탑, 단군 영정, 『천부경』과 『삼일신고』 액자가 걸려 있습니다.

가평지부는 음력으로 어천절과 개천절에 제례를 올린다고 합니다. 성전을 둘러보면 민속 신앙과 불교 신앙을 모두 볼 수 있습니다. 지장보살을 모신 사당이 있고 이곳엔 큰 북이 있지요. 집을 공사하면서 나온 돌들을 선방에 모시기도 했습니다. 산신각은 맞은편 산에 세웠습니다.

특히 주택 오른쪽 오솔길로 올라가면 순국선열추모비와 김 선생의 표석이 있습니다. 추모비는 나라를 위해 목숨을 바친 선조를 기리기 위해서입니다. 회원들의 이름이 비석 뒤에 빼곡히 새겨져 있습니다. 1960년대부터 일을 하고 있는 조 지부장은 "처음 시작했으니깐 끝을 잘 마쳐야지. 그런 마음으로 하고 있다"라고 말했습니다. 2018년에 피태옥 씨가 별세하고 조 지부장이 홀로 단군정신선양회를 지키고 있습니다.

| 여주 목아박물관 한얼울늘집

박물관장이 조각한 천지인 정신

서울에서 1시간이면 갈 수 있는 경기도 여주시는 세종대왕릉, 천 년 고찰 신륵사, 명성황후 생가 등 역사와 문화가 한강처럼 흐르는 곳이죠. 이곳에는 어떠한 단군 사묘가 있을까요? 흥미롭게도 박물관 안에 있더군요.

여주 한얼울늘집 현판
박찬수, 2000년 초

1989년에 우리나라 전통 목조각과 문화유산의 계승 및 발전을 위해 설립한 목아박물관이 그것입니다. 1992년 문화관광부 제28호로 등록된 전문 사립박물관이죠. 이곳에는 보물 3점과 불교 목조각, 전 세계 예술서적, 유물 등 6만여 점을 소장하고 있습니다. 설립자이자 초대 관장인 박찬수(朴贊守, 1948~) 씨는 1996년 중요무형문화재 제108호 목조각장입니다. 그의 작품을 곳곳에서 만날 수가 있습니다. 박물관을 찾은 날에 설립자의 아들 박우택 관장이 직접 안내를 하였습니다.

전국 단군 사묘 가운데 박물관에서 환인·환웅·단군을 모신 건물을 만난 것은 처음이었습니다. 박 관장은 박물관 입구에서 왼쪽으로 5분 거리에 위치한 건물로 안내하였습니다. 조선시대의 양식인 익공 팔작지붕으로 2000년 초에 지어진 것입니다. 현판은 '한얼울늘집'이라고 하였죠. 박 관장은 "한얼은 사람의 얼을 뜻하므로 인(人)이고, 한울은 울타리라는 뜻에서 땅(地)이다. 늘은 변함없다는 뜻에서 하늘(天)이다"라고 설명하였습니다.

안으로 들어가면 음각으로 새긴 단군궁, 환웅궁, 환인궁 현판이 눈에 들어옵니다. 봉황과 함께 초월적인 세계를 보여

여주 한얼울늘집 단군·환인·환웅 목조상
박찬수 작, 1980년대

주고 있습니다. 밑에는 환인, 환웅, 단군을 목조각으로 세웠습니다. 모두 설립자가 비자나무로 제작한 것입니다. 흥미로운 것은 목조각 뒤에 걸어 놓은 원방각 형상(圓方角, ○□△)입니다. 환인 뒤에 원(○), 환웅 뒤에 방(□), 단군 뒤에 각(△)이 그것이죠. 하늘은 둥글고(天圓: ○), 땅은 네모지고(地方, □) 사람은 삼각 모습(人角. △)으로 생각한 것입니다. 즉, 천지인(天地人)을 뜻합니다.

원방각 문화는 한국의 제단, 무덤(고인돌), 초가, 연못, 훈민정음의 문자 구조에까지 영향을 주었습니다.[25] 대표적으로 제단을 살펴보면 참성단와 환구단(圜丘壇)이 있습니다. 김헌은 『신단실기』에서 단군이 제단을 쌓고 하늘에 제사를 지낸 참성단에 나타난 천원지방을 구체적으로 밝히고 있습니다.[26]

대종교 천제인 '선의식'에서 제기를 원방각 모형으로 만든 것도 이와 같은 것이라고 봅니다. 이어 고종 황제가 대한제국을 선포하고 등극한 제천단인 환구단의 '환구'는 둥근 하늘과 네모난 땅을 뜻합니다. 네모난 울타리를 치고 그 안에 둥근 지붕을 얹은 집을 세운 것이죠.[27]

박 관장은 환인·환웅·단군 목조각에 관해 "30년 이상 된 작품이다. 원래는 더 큰 목조각상으로 모셔져 있었지만 판매가 돼서 설립자의 소장 작품으로 대체한 것"이라고 말했습니다. 목조상 크기를 살펴보면 환인상은 높이 60cm, 환웅상은 54cm, 단군상은 45cm입니다. 그 외 한얼울늘집 입구 오른쪽에 자리한 90cm 높이의 단군 목조상 역시 설립자가 30년 전에 비자나무로 제작한 것이라고 하더군요. 국조 단군을 예술 작품으로 만나니 감회가 남달랐습니다. 일반적으로 제례를 지내는 성스러운 이미지가 많은데, 사람들에게 조금 더 친근하게 다가갈 수 있는 방법이 되지 않을까요? 아이들에게 단군의 역사를 알리는 데에도 효과적이라고 생각됩니다. 박물관의 특성상 단군제례를 봉행하지는 않습니다.

그런데 안타까운 일이 발생하였습니다. 필자가 방문한 이듬해 방화로 인해 해당 건물과 단군상 등 목조 작품 40여 점이 불에 타고 말았습니다. 이런 일이 다시는 발생하지 않기를 바랍니다. 작품의 일부는 박물관으로 옮겨졌다고 하나, 한얼울늘집의 모습은 사진으로만 봐야 하는 상태입니다.

임시정부 지도자와 대통령의 개천절 인식

1919년 2월 만주와 러시아를 비롯해 외국에서 독립운동을 펼친 39명은 한국의 독립을 선언한 「대한독립선언서」를 발표합니다. 우리나라 최초의 독립선언서이죠. 훗날 도쿄 유학생들이 발표한 「2·8 독립선언서」와 「3·1 독립선언서」의 기폭제가 되었습니다. 선언서에는 단군이 나옵니다.[28] 그해 국민들은 태극기를 손에 들고 대한독립 만세를 외치며 '3·1 운동'을 일으킵니다. 이어 4월 11일 대한민국 임시정부가 설립됩니다.

임시정부는 이듬해 2개의 국경일을 정했습니다. 독립선언일과 건국기원절입니다. '독립선언일'은 대한독립을 선언한 1919년 3월 1일을, '건국기원절'은 한민족의 시조인 단군이 나라를 처음 건국한 서기전 2333년 음력 10월 3일을 기념하는 날입니다. 그렇다면 왜 건국기원절이라고 하였을까요?

1919년 대한민국 임시헌법 전문에 “반만년 역사의 권위를 장하야 (…) 조직된 대한민국의 인민을 대표한 림시의정원” 이라는 문구가 들어 있습니다. 이것은 '대한민국'의 역사가 '반만년' 전부터 시작됐다는 말입니다. 그렇기 때문에 임시정부는 '단군이 나라를 처음 세운 날'을 '대한민국'의 건국 기점으로 인정한 것입니다. 이에 따라 '건국기원절'을 국경일로 제정한 것입니다.[29] 행사는 국내뿐만이 아니라 중국, 미국, 러시아에서도 함께 시행하여 민족의식을 고취하였죠. 기독교인까지 포함하는 국민 화합의 장으로 널리 펴고자 한 점은 주목할 만합니다.[30]

음력으로 개최한 건국기원절은 광복 후 개천절로 바뀌었습니다. 문교부가 위촉한 '개천절 음, 양력 환용 위원회' 결과 음·양력의 환산이 불가능하다고 해서 양력 10월 3일(국경일에 관한 법률, 1949년 10월 1일 공포)을 개천절로 정하였고 오늘에 이르고 있습니다.

임시정부 주석 이동녕은 “우리 민족의 뿌리는 단군이다. 단군왕검의 이 나라 개국이 우리의 정신적 지주가 되는데 왜 우리가 종교가 다르다고 단군을 배타적으로 보는가. 단군은 우상의 대상이 아니다”라며 “우리는 이 단군왕검의 개국과 이어지는 전통을 이어 독립운동의 역사적·정신적 맥으로 삼아 지켜 나가야 승산이 있다고 생각한다”라고 강조하였습니다.[31] 광복 후 임시정부 요인들과 환국한 백범(白凡) 김구(金九, 1876~1949)의 성명을 보면 국조 단군을 중심으로 좌우파가 단결할 것을 호소합니다.[32] 당시 지도층은 이념과 종교를 초월해서 단군에 주목하고 개천절을 기념했다는 것을 알 수 있습니다. 그렇다면 대통령은 어떨까요?

박정희는 역대 대통령 가운데 유일하게 취임사에서 단군을 밝혔고[33] 개천절에 일기를 남겼습니다.[34] 이러한 역사인식하에 개천절 경축식에 참석하고 서울 남산 단군 동상 건립 계획과 삼청공원 민족관 건립 계획을 지시한 것으로 보입니다. 전두환 대통령 또한 개천절 경축식에 참석하였습니다.

그런데 노태우 대통령 이후 경축사를 국무총리가 대독(代讀)하는 것이 관행처럼 되어 버립니다. 기독교 장로인 김영삼 대통령은 1987년 대통령 후보 시절에 단군성전 건립에 적극적으로 반대했지요.[35] 1993년 대통령에 취임하고 개천절 경축식에 참석하는 것을 기대하기 어려운 이유였습니다. 후보 시절 "집권하면 청와대에 찬송가가 울려 퍼지게 하겠다"라고 공언했는데 실제로 이를 이행한 인물입니다. 이후 김대중 대통령과 노무현 대통령 또한 개천절 경축식에 모습을 드러내지 않았습니다. 이명박 대통령은 2011년 개천절 경축사를 국무총리 대독도 아니라 국무총리 본인 명의의 경축사로 격하시켰습니다.[36]

박근혜 대통령 재임 시절인 2013년 9월 우리얼찾기국민운동본부, 국학원, 국학운동시민연합 등 50여 시민단체가 167만 명의 서명을 받아 '대통령의 개천절 행사 참석을 요청하는 헌법청원'을 올렸습니다. 청와대는 "대통령의 참석 여부는 그간의 선례와 일정들을 종합적으로 고려해 결정하고 있으니 이해해 주기 바란다"고 하였고, 박 대통령은 개천절 경축식에 참석한 적이 없습니다.

2017년 5월 대통령 선거를 앞두고 대한민국역사진단학회는 대선 경선 후보들에게 역사의식을 물었습니다. 5대 국경일 중에 개천절에 대해 국민들의 관심이 높지 않고 대통령도 행사에 참석하지 않고 있는데 어떠한 계획이 있느냐는 질문이었습니다. 문재인 후보는 "우리 문화와 뿌리를 국민이 제대로 아는 것은 매우 중요하다"라며 "개천절 의미를 더욱 중요하게 생각하고 우리 역사와 얼이 올바르게 정립될 수 있도록 최선을 다하겠다"라고 답했지만 대통령에 당선되고 난 후 2017년과 2018년 개천절 경축식에 참석하지 않았습니다.

앞서 〈단군 사묘의 역사〉에서 살펴봤듯이 대통령 또한 정치인이기에 특정 종교의 눈치를 보거나 개천절 참석이 정치적인 이득이 없다고 판단할 수도 있을 것입니다. 하지만 우리문화와 뿌리를 국민이 제대로 아는 길은 대통령부터 개천절 경축식에 참석하는 모습에서 시작한다고 생각합니다. 대통령이 솔선한다면 국경일 개천절은 삼일절과 광복절만큼 국민들이 제대로 아는 계기가 될 것이기 때문입니다.[37] 100년 전 타국에서 임시정부를 수립하고 민족의 독립을 위해 목숨을 바친 지도자들이 건국기원절, 즉 '개천절'을 경축했듯이 말입니다.

우리는 어떠한 조상이 될 것인가?

'역사는 기록하는 자의 것'이라는 말이 있습니다. 당대에 위대한 일을 했더라도 그것이 후대에 제대로 전달이 되지 않는다면 잊히기 때문입니다. 일제의 역사 침탈에 맞서고 민족정신을 살리기 위해 전국에 단군 사묘를 건립한 이들은 대부분 세상을 떠났습니다. 그 후손조차 만나기 어렵습니다. 사묘를 관리하는 사람들은 어떨까요? 평균 나이가 70~80세 이상인 고령이 많습니다. 이들마저 없다면 우리나라의 역사이자 문화재인 단군성전의 미래도 장담할 수 없습니다.

필자는 2004년 대학원 석사 과정에 진학한 이래 15년 이상 단군을 연구하였습니다. 중도에 포기하지 않았던 것은 은사들의 헌신적인 가르침 덕분입니다. 이어 문헌을 넘어 현장을 찾았습니다. 단군 사묘를 방문해 사람들을 만나 이야기를 듣고 관련 자료를 조사하였습니다. 카메라와 캠코더로 사묘의 사진과 영상 모두를 담았지요. 비가 오나 눈이 오나 정성을 다해 사묘를 가꾸고 발전시키기 위해 노력하는 지킴이들은 국보(國寶)와 같은 존재입니다. 그들의 정성에 비하면 전국을 발로 뛰며 연구한 저의 정성은 숟가락 하나를 얹은 것에 불과합니다.

정치인이나 기업가의 도움이 아니라 순수 시민들의 헌금으로 설립한 단군 사묘가 후손들의 사랑을 받는다면 더욱 발전할 것입니다. 이를 위해 정부와 지방자치단체의 역할이 커져야 합니다. 단군 사묘의 발전을 위해 수십억 원의 예산을 들인 군청이 있는가 하면 200만 원 제례비조차 아까워하는 시청도 있더군요. 단군 사묘에 관한 인식이 개선되고 예산 또한 늘어나기를 바랍니다.

개천절을 마을의 축제일로 삼고 어르신들이 손수 음식을 준비해 단군 제사를 사묘에서 경건하게 지내는 모습은 직접 본 사람만이 느낄 수 있는 감동일 것입니다. 우리 조상들이 뿌리를 잃지 않기 위해 제사를 지내고 서로 돕고 살았던 고조선의 문화가 아닐까요? 이후 부여, 고구려, 백제, 신라, 고려, 조선 등으로 국가 제사는 전승됐고 하늘을 공경하고 조상을 섬기고 사람을 사랑하는 '경천숭조애인(敬天崇祖愛人)' 사상은 오늘날에도 이어지고 있습니다.

물론 단군 사묘를 관리하는 사람이 없어서 개천절을 제외하고 폐쇄적으로 운영할 수밖에 없는 한계도 있습니다. 애써 시간을 낸 방문객이 단군전에 참배하지 못하고 아쉽게 발길을 돌리는 일도 생기지요. 더구나 설립자가 타계하고 난 뒤에 후손들이 제대로 관리하지 못할 경우에는 접근조차 어렵거나 무속인들의 장소로 변하는 경우도 있습니다.

무엇보다 인식이 바뀌어야 합니다. 단군의 자손이란 논리가 타민족을 배척하는 국수주의가 되어서는 곤란합니다. 기독교인, 불교인, 다문화인 그 누구라도 단군을 만날 수 있도록 성전의 문을 활짝 여는 개방적인 사고가 필요합니다. 단군의 건국이념인 홍익인간 정신은 어느 한 민족만이 아니라 모든 인간을 이롭게 하라는 뜻이 담겨 있기 때문입니다. 정부는 '반만년 유구한 역사'라고 말만 할 것이 아니라 외국인들에게 실제로 보여 줄 수 있는 단군 사묘를 관광지도에 표시하고 외국어 안내판을 설치하는 데 앞장서야 합니다.

사실 단군보다 중요한 것은 우리 자신입니다. 전국을 다니면서 단군을 보고 또 보면서 든 생각은 '우리는 훗날 후손들에게 어떤 조상으로 기억될까?'였습니다. 역사가 두려운 것은 후대의 평가이기 때문입니다. 경제적 가치만 우선하고 전통문화를 폄하할수록 역사에 무지한 선조로 기록된다는 것이죠. TV나 자동차, 스마트폰이 아니라 홍익인간 정신이 후손에게 물려줄 유산입니다. 소설 『25시』의 작가 게오르규(Constantin Virgil Gheorghiu, 1916~1992)는 이렇게 말하였습니다.

> 단군은 민족의 왕이며 아버지이며 주인입니다. 그가 한국 민족에게 내린 헌법은 한마디로 요약됩니다. 그것은 홍익인간입니

다. 가능한 한 많은 사람에게 복을 주는 일입니다. 이후 한국인은 다른 많은 종교를 받아들였지만 단군의 법은 변함없이 5천여 년 동안 계속 유지되고 있습니다. 왜냐하면 단군의 법은 어떤 신앙과도 모순이 되지 않기 때문입니다. 그것은 결국 모든 종교나 철학의 이상적인 형태로, 최대한의 인간을 위한 최대한의 행복 또는 모든 인류를 위한 행복과 평화입니다.[1]

임마누엘 페스트라이쉬(Emanuel Pastreich) 교수는 한국의 교육기본법 제2조(교육이념)에 있는 홍익인간 정신을 되살리는 것이 교육의 질적 발전을 위해 필요하다고 말하였습니다. 이를 위해 유치원부터 교육을 시작해야 된다는 것이지요.[2] 또, 한국이 일류 국가라는 평가를 받기 위해서는 기업들이 홍익인간 정신을 기반으로 한 혁신에 나서야 한다는 그의 주장은 수익성만 내세울 것이 아니라 인류에 공헌하는 노력을 함께 펼쳐야 한다는 뜻입니다.

한영우 서울대 명예교수는 새 정치의 방향은 진보와 보수가 아니라 중도홍익(中道弘益)이라고 제안합니다. 한 교수는 "한국의 지도층은 품위를 지키고 자기 관리를 철저히 하면서 저 옛날 '군자국'의 모습과 '홍익인간의 꿈'을 보여 주는 나라를 만드는 데 총력을 기울여야 할 것"이라고 강조하였습니다.[3] 이처럼 국내외 석학이 공통적으로 강조하는 홍익인간 정신은 한국인의 정신(Korean spirit)이라고 생각합니다. 이 책에 담고자 한 것도 단군 사묘를 건립한 사람들의 홍익 정신 스토리텔링이었습니다.

마지막으로 '단군학총서'를 펴낸 이연숙 대표에게 특별히 감사의 마음을 전합니다. 편집을 맡은 홍석근 편집장을 비롯해 많은 분이 책의 가치를 높이기 위해 노력하였습니다. 그럼에도 책의 부족함이 발견된다면 그 책임은 필자에게 있습니다. 이제 전라도부터 서울·경기도까지 46곳의 단군 사묘 여행을 모두 마치겠습니다. 필자가 발견하지 못한 단군 사묘도 전국 어딘가에 있을 것입니다. 이메일(ykd0909@naver.com)로 제보해 주세요. 그리고 고향을 사랑하는 마음으로 단군성전을 방문해 보세요. 단군 지킴이들에게 큰 힘이 될 것입니다. 독자님 고맙습니다.

시기별 단군 사묘 설립 연도와 주소

	지역	설립자	단군성전	연도	주소
광복 이전	서울	나철	서울 대종교총본사 천궁	1909	서울시 서대문구 홍은중앙로 3길 89
	충남	김용학	서산 와우리 단군전	1913	충남 서산시 운산면 단군전길 200
	전남	신태윤	곡성 단군성전	1914	전남 곡성군 곡성읍 영운1길 33
	전남	이종철	해남 단군성전	1923	전남 해남군 해남읍 구교리 346
	전남	진도향교	진도 단군전	1923	전남 진도군 진도읍 진도향교길 68-5
	서울	안순환, 정훈모	시흥 단군전터	1930	서울시 금천구 독산로 24길 43
광복 이후 - 1970년	충남	김광영	논산 개태사 창운각	1947	충남 논산시 연산면 계백로 2614-11
	충북	원용선	충주 숭령전	1947	충북 충주시 주덕읍 묵동 2길 17
	충북	김기석	증평 단군전	1948	충북 증평군 단군전길 13
	충남	강진구	부여 천조궁	1949	충남 부여군 장암면 의자로 706번길 16-9
	전북	김현승	익산 단군성묘	1951	전북 익산시 평동로25길 39
	경남	단군봉안회	밀양 천진궁	1953	경남 밀양시 중앙로 324
	전북	강순임	김제 증산법종교 태평전	1953	전북 김제시 금산면 모악로 260
	서울	이숙봉, 이희수, 이정봉	서울 현정회 단군성전	1955	서울시 종로구 인왕산로 22
	대구	정운일, 최항묵(단군성조봉성회)	대구 단군성전	1956	대구시 수성구 용학로 116-34
	경남	위성 경로당	함양 단군전	1960	경남 함양군 함양읍 고운로 18
	충남	이백임	대종교 청동시교당 천진전	1960	충남 논산시 연산면 청동로 3길 57

	경북	조용승(단민회)	칠곡 국조전	1961	경북 칠곡군 왜관읍 석전리 15길 20
	전북	단군성전건립추진 준비위원회	순창 단군전	1961	전북 순창군 순창읍 교성1길 14-7
	대전	남지훈, 조병호	대전 단묘	1964	대전시 서구 정림서로 1번길 37-22
광복 이후 - 1970년	충남	단군봉안회	서산 옥녀봉 단군전	1964	충남 서산시 부춘공원 1로 40
	전북	채법선, 최일선	진안 양명마을 단군전	1965	전북 진안군 주천면 정주천로 521-56
	서울	전흥인	서울 천진사	1967	서울시 도봉구 도봉산길 91-2
	충북	김재형	청원 단군성전	1968	충북 청원군 강내면 저산리 산 1
	경기	유정자, 최재형	부천 향림사 단군성전	1971	경기 부천시 소사로 386
	광주	송호림	광주 단성전	1972	광주시 서구 내방로 152
	전북	옥구향교	군산 옥구향교 단군성전	1972	전북 군산시 옥구읍 광월길 33-50
	강원	국조단군봉사회	태백 단군성전	1975	강원 태백시 천제단길 221
	전북	고창향교 흥덕향교 무장향교	고창 단군성전	1979	전북 고창군 고창읍 청룡길 3-8
1970년 - 1999년	전북	송원홍	무주 신불사 대천궁	1984	전북 무주군 설천면 내북길 272-21
	전북	이규현	진안 은수사 태극전	1987	전북 진안군 마령면 마이산남로 406
	경기	김춘자 (단군정신선양회가평지부)	가평 단군성전	1988	경기 가평군 북면 목동리 161-1
	전남	강동원	화순 국조전	1989	전남 화순군 화순읍 압곡길 132
	충북	동봉	괴산 흥천사 단군전	1992	충북 괴산군 연풍면 수옥정길 155
	전북	남원시단군성전건립 추진위원회	남원 단군성전	1993	전북 남원시 식정동 359-2
	경남	강민주	하동 삼성궁 건국전	1995	경남 하동군 청암면 삼성궁길 86-15
	충남	오정영 (태상전창건추진위원회)	공주 태상전	1998	충남 공주시 우성면 우성길 156-4

2000년 이후	경기	박찬수	목아박물관 한얼울늘집	2000	경기 여주시 강천면 이문안길 21
	전북	정읍향교 고부향교 태인향교	정읍 단군성전	2000	전북 정읍시 모촌길 50-33
	충남	단군성조봉향회	공주 단군성전	2001	충남 공주시 무령로 154
	충북	손정은	선교 국조전	2006	충북 영동군 양산면 양산심천로 144
	충남	이상주	금산 참나도원 대웅전	2006	충남 금산군 복수면 송촌길 39
	강원	김인배 (단군정신선양회동해시지부)	동해 단군성전	2008	강원 동해시 만우동 58-8
	경북	허귀숙	대종교 청도시교당 태천궁	2011	경북 청도군 각남면 한재로 997-14
	전남	수성사	영암 수성사 단군성전	2011	전남 영암읍 남문밖길 9
	울산	최동원	울산 천부보전	2012	울산시 울주군 청량면 상보 두현길 53-2

주석

프롤로그

1. 1920년 4월 1일에 창간한 『동아일보』는 4월 11일 광고에서 "단군은 우리 민족의 종조(宗祖)이시오. 우리 근역(槿域)에 건국하신 제1인이시오. 가장 신성하신 대위인이라"라며 '단군 영정 현상 모집'을 공고했다. 이후 5월과 6월에도 광고했다(「檀君影幀 懸賞募集」, 『동아일보』, 1920. 4. 11).
2. 2017년 1월부터 2019월 2월까지 필자가 조사한 국내 단군 사묘는 51곳이다. 이 가운데 단군 사묘 조사를 허락하지 않거나 공개를 원하지 않은 곳은 서울 남산 와룡묘 단군성전, 인천 강화군 마니산 단단학회 개천각, 한얼교 머리궁, 강원도 평창 삼신신앙 대본사, 경남 남해 단군성전이다. 이들은 모두 제외하였음을 밝힌다.

1부. 단군 사묘의 역사

1. 박선희, 『고조선문명의 복식사』, 지식산업사, 2018; 신용하, 『고조선문명의 사회사』, 지식산업사, 2018; 이찬구, 『홍산문화의 인류학적 조명』,

개벽사, 2018; 우실하, 『고조선문명의 기원과 요하문명』, 지식산업사, 2018; 임재해, 『고조선문명과 신시문화』, 지식산업사, 2018.

2. 단군을 역사가 아니라 전설로 격하시킨 시라토리 구라키치(白鳥庫吉)의 『단군고』(1894)를 비롯하여 이마니시 류(今西龍), 오다 세이코(小田省吾) 등 일본 학자들의 저서는 우리말로 번역되어 있다(신종원 엮음, 『일본인들의 단군연구』, 한국학중앙연구원, 2005).
3. 하야시 다이스케(林泰輔)의 책 또한 국내에 번역되어 있다. 하야시 다이스케 저 / 편무진·김현욱·이태훈 옮김, 『조선사 번역·해제』, 인문사, 2013. 이만열은 조선사편수회에서 『조선사』를 편찬할 때 한국사 관련 책들이 꽤 쏟아져 나왔는데 약간씩의 차이는 있지만 그들의 서술에는 기본적으로 다음과 같은 공통점이 있다고 밝혔다. 첫째, 한국사의 상한 연대를 삭감했다. 한국이 일본보다 더 오랜 역사를 가져선 안 된다는 기본적인 편견이 깔려 있었기 때문이다. 둘째, 한국사는 이미 고대부터 외세의 지배를 받았다고 주장했다. 단군을 부인하고 기자와 위만이 중국에서 이주한 자들임을 들어 한국사가 중국인 이주자들에 의해 성립되었다는 것. 셋째, 한국사는 줄곧 외세의 지배를 받았고 수많은 외세의 침략 때문에 자주적인 역사를 전개할 수 없었다. 넷째, 우리 문화가 외국의 것을 모방했고 외국에서 들어왔다는 전파설을 강력하게 주장했다. 이만열은 "식민주의 사관으로 편집된 역사책들이 본격적으로 출간된 1920년대 말부터 한국의 많은 젊은이들과 지식인들이 자기 민족에 대해 자신감을 잃고 자포자기하거나 민족 멸시 감정을 노골적으로 드러내면서 민족 허무주의에 빠져들었다. 잘못된 역사관에 의한 편향된 역사인식은 이같이 그 폐해가 심각하다"라고 말했다(이만열, 『우리 역사 5천 년을 어떻게 볼 것인가』, 바다출판사, 2000, 18~20쪽).
4. 서영대, 「단군 인식의 변천」, 『고조선사 연구 100년』, 학연문화사, 2009, 61쪽; 정영훈, 「단군신화의 정치사상」, 『동양정치사상사』8(2), 한국동양정치사상학회, 2009, 9쪽.

5. 서영대, 앞의 책, 64쪽; 구당서(舊唐書)』 권 199상; 고려 및 『신당서(新唐書)』 권 220.
6. 『三國史記』, 「高句麗本紀」. "平壤者 本仙人王儉之宅也. 或云 王之都王險."
7. 「조연수 묘지명」은 1325년(충숙왕 12)에 작성되었다.
8. 묘청의 서경 천도 운동은 실패하였다. 신채호는 "신라계를 중심으로 하는 개경파와 고구려계를 중심으로 뭉친 서경파의 대결에서 개경파인 김부식이 승리하고 서경파인 묘청이 실패하여 이후의 우리나라 역사는 사대파가 승리하고 자주파가 약화되는 결정적인 계기가 되었으니 한국 역사에서 이보다 중요한 사건이 없다"라고 말했다(신채호, 「조선역사상 1천년래 제일 대사건」, 『한국사연구초』, 을유문화사, 1974, 147~178쪽).
9. 김성환, 『고려시대의 단군 전승과 인식』, 경인문화사, 2002, 138~139쪽.
10. 『세종실록』, 세종 10년 6월 14일 자 기사.
11. 허홍식은 환인·환웅·단군 삼성을 모신 사당의 연혁을 기록한 「삼성당사적」에 의하면 고려 목종 대까지 그 기원이 소급된다고 보았다(허홍식, 「구월산 삼성당사적의 제의와 그 변화」, 『단군학연구』창간호, 단군학회, 1999, 136~137쪽). 반면, 김성환은 "삼성사는 패엽사(貝葉寺)가 창건된 신라 말 이전에 대증산(大甑山)에 건립되었을 것으로 짐작된다. 이것은 대증산의 삼성사에서 환인 환웅 단군이 패엽사가 창건되기 이전부터 숭배되고 있었음을 의미하는 것이자 삼성이 이미 신라 말부터 구월산의 신격으로 자리하고 있었다는 뜻이다"라고 말했다(김성환, 앞의 책, 167~168쪽).
12. 「숭령전과 삼성사」, 『얼소리』5, 한뿌리, 2007, 139쪽.
13. 『세종실록』, 세종 7년 9월 25일 자 기사.
14. 『세조실록』, 세조 2년 7월 기사; 『세조실록』, 세조 6년 10월 기사.
15. 김교헌 저 / 이민수 옮김, 『신단실기』, 한뿌리, 1987, 78~80쪽.

16. 정광, 「일본 재소 한국학 자료의 현황과 활용방안—苗代川 자료를 중심으로」, 『제1회 한국학포럼』, 이화여자대학교 한국문화연구원, 2005.
17. 암석의 유래는 박성수가 1987년 옥산궁에서 14대 심수관에게 들은 이야기다(「옥산궁은 국조사당」, 『경향신문』, 1987. 8. 6).
18. 임채우 외, 『단군 사묘·유적·유물 집성』, 한국민족종교협의회, 2017, 169~171쪽.
19. 『규원사화』는 숙종 1년인 1675년에 완성된 후 여러 사서에 인용되며 세상에 알려졌다. 내용은 환인과 환웅을 기술한 「조판기(肇判紀)」, 「태시기(太始紀)」와 단군왕조사의 역사를 기술한 「단군기(檀君紀)」의 3장으로 구성되어 있고 맨 앞에 저술의 내력을 쓴 「서(序)」와 뒤에 작자의 소회를 기술한 「만설(漫說)」이 붙어 있어서 전체적으로 5개 부분으로 구성되어 있다(임채우 외, 앞의 책, 353쪽). 『규원사화』 진위 여부는 1972년 당대 최고의 권위자 이가원, 손보기, 임창순 등으로 이루어진 '고서심위원회'의 심의 결과 숙종 1년에 만들어진 '진본'이라는 결론을 내렸다. 지금까지 『규원사화』를 연구한 석·박사학위 논문을 비롯하여 연구 논문과 저서 등이 수십 편에 달한다. 이러한 선행 연구를 검토하지 않고 일부 학자의 위작설을 인용만 할 것이 아니라 그동안의 연구 성과를 종합적으로 검토하는 것이 먼저라고 생각한다. 이에 관해서는 신운용의 연구(「규원사화 연구 성과와 과제」, 『선도문화』20, 국제뇌교육종합대학원대학교 국학연구원, 2016) 참조.
20. 북애 지음 / 고동영 옮김, 『규원사화』, 한뿌리, 2005, 64쪽.
21. 선도문화연구원 편, 『한국선도의 역사와 문화』, 국제평화대학원대학교출판부, 2006, 575~583쪽.
22. '대일항쟁기'는 복기대가 처음 제기하였다. 그는 "식민지나 강점기는 일본이 한국을 지배한 시기에 해당하므로 그때 일어난 일은 한국사가 아니라 일본사가 된다"라고 지적하였다. 원나라가 고려를 지배하던 시기를 대몽항쟁기라고 쓰듯이 '대일항쟁기'로 규정해야 한다는 것이다.

2007년 9월 국회 본회의에서 정문헌 의원외 58인의 발의로 일본 식민 지배를 정당화하는 일제강점기 등 유사 표현을 '대일항쟁기'로 바꾸자는 결의안이 상정돼 155명의 찬성으로 통과됐다. 필자도 같은 입장이므로 이 책에서 시대 명칭을 대일항쟁기로 하였음을 밝힌다.

23. 「[시론] 경술국치일을 기억해야 하는 이유」, 『한겨레』, 2016. 8. 22.

24. 서영대, 「근대 한국의 단군인식과 민족주의」, 『동북아역사논총』20, 동북아역사재단, 2008, 70~71쪽.

25. 우리 정신사 속에는 단군을 민족과 민족사의 원점으로 이해하고 한민족을 단군의 자손으로 인식하며 그 이름 밑에 민족적 결속을 도모하고자 하던 사상·문화 운동이 존재했다. 오늘날 학계에서는 이러한 분위기를 '단군민족주의'라는 말로 지칭하고 있다(정영훈, 「규원사화에 나타난 민족의식」, 『정신문화연구』13(2), 정신문화연구원, 1990, 165쪽; 정영훈, 『단군민족주의와 그 정치사상적 성격에 관한 연구』, 단국대학교대학원 박사학위 논문, 1993.

26. 정진홍, 『金先生廉白記』, 단군교지부, 1924.

27. 정진홍, 앞의 책, 17쪽. "關西關北에서 風俗을 改良하고 先生의 祭祀法을 行하는 者 多하니 家家에 檀君天祖를 崇奉하며 祭禮를 大行하여 先生의 法이 監行하더라."

28. 서영대, 「『김선생염백기』에 대하여」, 『단군학연구』9, 단군학회, 2003, 224~227쪽; 선도문화연구원 편, 『한국선도의 역사와 문화』, 국제평화대학원대학교출판부, 2006, 612쪽.

29. 수운 최제우 이후 150년 동안 900여 종교의 교단과 인물을 정리한 『한국신종교대사전』에서 나철은 대종교의 창시자이고, 대종교는 나철이 창립한 단군계 신종교라고 밝히고 있다(김홍철, 『한국신종교대사전』, 모시는사람들, 2016, 142·199쪽). 위키백과(https://ko.wikipedia.org)도 나철을 대종교의 창시자로 소개하고 있다. 나철 관련 언론 보도에서 창시자로 소개하는 경우는 비일비재하다(「'독립운동 아버지' 대종

교 창시자 나철 선생 서거 100주기」, 『연합뉴스』, 2016. 9. 15).

30. 김교헌 저 / 윤세복 역, 『홍암신형조천기』, 대종교총본사, 1954, 97쪽.

31. 조인성, 「한말 단군 관계 사서의 재검토: 『신단실기』·『단기고사』·『환단고기』를 중심으로」, 『국사관논총』3, 국사편찬위원회, 1989, 239~240쪽.

32. 『대종교신원경』은 1차적으로 낭자산 도인 비은이 경전의 주석(연도 미상)을, 1875년에 도인 이화가 서문을, 1863년에 도인 성만이 「대종교원류」를 쓴 저본이 존재했고 이것이 백봉에게 전수된 것으로 보고 있다. 1903년에 찬문은 작성됐다(조준희, 「『대종교신원경』 해제」, 『대종교원전 자료집: 대종교신원경』, 선인, 2011, 32쪽.

33. 이 필사본에는 백봉의 『삼일신고』 발굴기가 담긴 「삼일신고부현세」장이 수록되어 있다. "'1904년 3월 백두산 옛 제단 터"라고 발굴 시간과 장소가 기록되어 있다. 『삼일신고』는 대종교의 경전으로 366자의 한자로 쓰여 있다. 「천훈(天訓)」·「신훈(神訓)」·「천궁훈(天宮訓)」·「세계훈(世界訓)」·「진리훈(眞理訓)」의 오훈(五訓)으로 구성되어 있다. 백봉의 『삼일신고』를 비롯하여 「성경팔리(聖經八理)」, 「단군교포명서(檀君敎佈明書)」, 「단군교오대종지서(檀君敎五大宗旨書)」 등 가장 오래된 판본이 실린 책이 간행되어 있다(조준희·유영인, 『백봉전집』, 역사공간, 2017 참조).

34. 이강오, 『한국신흥종교총감』, 대산기획, 1992, 318쪽.

35. 이강오, 「단군신앙(총론1)」, 『전북대학교 논문집』10, 전북대학교, 1968, 28쪽.

36. 김미희의 단군관은 '4. 서울·경기도'의 '4) 서울 종로구 현정회 단군성전' 참조

37. 김의정, 『명원 김미희』, 학고재, 2010, 235~236쪽.

38. 김미희 제안을 박정희 대통령이 받아들인 배경으로 남편 김성곤이 1965년 공화당 재정위원장이 되면서 박 대통령의 정치 자금을 담당한

실력자였다는 점을 상기할 필요가 있다(「중정 신분증에 권총 차고 정치자금 날랐다」, 『주간조선』, 1995. 5. 4, 42~46쪽).

39. 「단군동상건립반대」, 『조선일보』, 1966. 2. 22.

40. 『동아일보』 1966년 11월 26일 자 3면 광고에 실린 발기인 대표와 임원은 다음과 같다. 발기인 대표 김팔봉, 고병간, 공진항, 곽상훈, 김경태, 김두봉, 김미희, 김의형, 김경, 김범부, 권오익, 맹주천, 박계국, 박관수, 박영준, 박종화, 배상명, 안호상, 여운홍, 이갑성, 이관구, 이대위, 이수경, 이선근, 이은상, 이인, 이숙종 이종우, 이청담, 이홍수, 임영신, 정대위, 정재환, 조동식, 조용욱, 조준출, 조효원, 천관우, 최문환, 최옥자, 홍난희(가나다 순).

41. 안호상은 회고록에서 1969년에 박 대통령이 민족관을 크게 지으라고 지시했고 1968년 개천절에 기공식을 했다고 밝혔지만(안호상, 『한뫼 안호상 20세기 회고록』, 민족문화출판사, 1996, 291쪽) 당시 언론 보도를 보면 민족관 건립은 1967년에 진행됐다. 연도가 모두 틀리다. 필자가 이를 정정했음을 밝힌다.

42. 기공식은 곽상훈 전 국회의장, 최두선 전 국무총리를 비롯하여 1백여 명의 시민이 참가한 가운데 거행됐다. 김팔봉 회장은 식사를 통해 "이 민족관의 건립은 파괴와 난동과 퇴폐의 풍조가 만연되어 희미해 가는 민족의 얼을 찾기 위한 것이라"고 말했다(「희미한 한민족 얼 찾기 위해 … 단군성조기념민족관 기공」, 『동아일보』, 1967. 10. 3). 그 외 언론 보도는 「민족관기공 … 교포 국민모금으로」, 『조선일보』, 1967. 10. 4; 「삼청 민족관기공」, 『경향신문』, 1967. 10. 2; 「3일 기공식 삼청공원에 민족관」, 『매일경제』, 1967, 10. 2. 등이 있다.

43. 「배달의 얼 집대성할 민족관 건립」, 『경향신문』, 1968. 11. 11.

44. 정부의 단군전 건립이 무산된 배경으로는 세 가지 주장이 있다. 첫 번째는 국회 비준이다. 안호상은 회고록에서 "곽상훈 회장이 그런 것은 국회의 동의를 얻어야 한다며 이 안건을 국회에 제출하였다. 그러나

그 안건은 국회 분과 위원회에 한 번도 상정을 해 보지 않고 차일피일 로 미루어졌고 내가 백방으로 뛰었는데도 해결의 기미가 보이지 않았다. 국회에서 다룰 안건 가운데 민족관은 그다지 화급한 안건이 아니라는 것이었다. 민족관을 세울 수 있었던 마지막 기회가 이처럼 어처구니없는 의견과 장애에 부딪혀 무산되는 것을 보면서 나는 난생 처음으로 큰 좌절감을 맛보지 않을 수 없었다"라고 말했다(안호상, 앞의 책, 292~293쪽). 두 번째는 기독교인들의 난동이다. 한국일보 기자와 한국정신문화연구원(현 한국학중앙연구원) 편수위원를 역임한 윤여덕은 기독교의 행동대(120명 추산)가 문공부 장관실로 난입해 닥치는 대로 기물과 집기들을 때려 부수는 난동 사건이 벌어졌다는 대종교 원로원 의장 이동보의 증언을 전했다(윤여덕, 『역사의 고향을 떠난 사람들』, 우리책, 2011, 528~530쪽). 세 번째는 북한 공작원 남파 사건이다. 배상숙 전 홍익부인회장은 "마침 김신조 남파 간첩 사건이 터진 것이다. 그 일로 삼청공원의 허가가 전면 보류되자 기념사업회가 추진했던 단군전 사업도 중단될 수밖에 없었다. 명원(김미희)은 단군운동을 매듭짓지 못한 것을 늘 한으로 여겼다"라고 말했다(김의정, 앞의 책, 237쪽). 남파 간첩 사건은 북한 무장 게릴라가 1968년 1월 청와대를 습격하려던 사건을 말한다. 당시 게릴라 31명 중에 유일하게 김신조가 생포됐고 그는 귀순하였다. 필자는 기독교인의 테러나 북한 공작원 침투라는 외부적인 요인도 영향을 끼쳤을 수 있겠지만 정부 예산을 결정하는 국회 비준이 더 결정적이었던 것으로 본다.

45. 「檀君神殿 宗教논쟁」, 『경향신문』, 1970. 2. 25.
46. 문순태, 『의재 허백련』, 중앙일보사·동양방송, 1977, 208~211쪽.
47. 서울시 단군성전 건립 계획에 관해 현정회 2대 이사장을 역임한 이항녕(李恒寧, 1915~2008)은 전두환 대통령과 대화를 나눈 일화를 전했다. "제가 축사를 했다고 해서 대통령 옆에 앉게 되었는데 전 대통령이 뭐라고 하는고 하니 '사실은 개천절이 우리 민족의 큰 명절 아닙니

까. 조상이 있고 민족이 있는 것이니까? 3·1절보다도 더 훌륭한데 여태까지 못했으니 앞으로 10월 1일 국군의 날을 포함하여 10월 달을 민족의 대명절로 대대적으로 할 것'이라고 했지요. 이를 옆에서 지켜본 당시 염보현 서울시장이 현정회로 찾아와 대통령이 그렇게 생각하시니 시비 40억 원을 들여 단군전을 건립해야겠다고 하셨지요(이항녕 외, 「현정회 탄생 그 아픔과 환희의 순간들(창립 30주년 기념 특별 좌담)」, 『현정』, 현정회, 1997, 26쪽)."

48. 이항녕은 전두환 대통령의 정치적 결단으로 보고 있다. "기독교가 반대를 했지요. 왜 시비를 들여서 그 사업을 하느냐고……. 그러니까 전 대통령은 정치가이니깐 기독교인들 비위를 건드릴 필요 없다 해서 슬그머니 그만둔 거지요(이항녕 외, 앞의 좌담회, 26쪽)."
49. 「한국인 54%, '단군은 실존 인물'」, 『경향신문』, 1985. 8. 7; 「한국갤럽여론조사 단군성전 건립 67.3%가 찬성」, 『동아일보』, 1985. 8. 7.
50. 도미니크 모이시 저 / 유경희 옮김, 『감정의 지정학』, 랜덤하우스, 2010, 35쪽.

2부. 전국 단군 사묘 _ 1장 전라도

1. 이강오는 신태윤의 단군전 건립을 1916년으로 보고 있다(이강오, 앞의 책, 345쪽).
2. 이강오는 1952년 현재의 단군전을 건립할 때 삼인동에 모시던 천진을 옮겨 왔다고 하였다(이강오, 『한국신흥종교총감』, 대산기획, 1992, 345쪽). 반면, 국조단군곡성숭모회는 단군 영정을 새로 모신 것으로 보고 있다.
3. 「애국지사 백당 신태윤 기념관 개관」, 『무등일보』, 2014. 11. 11.
4. 이강오는 이종철이 대종교에 입교하고 구월산에 찾아갔다고 밝혔다. 반면, 해남군과 수성회 측은 이종철이 휘문고보 학생 시절에 수학여행

으로 구월산을 방문해서 삼성사 제기를 가져왔다고 주장했다. 하지만 고등학생이라면 10대의 나이인데, 삼성사가 조선총독부 소유라면 최소한 경술국치인 1909년 이후이므로 이종철의 나이는 30대가 된다. 따라서 당시 휘문고보 학생이었다는 주장은 설득력이 떨어진다.

5. 동지편찬위원회 편,『진도향교지』, 진도: 동지편찬위원회, 1988.
6. 이강오는 윤상훈을 1951년 당시의 익산군수라고 하였지만 윤상훈의 임기는 1947년부터 1948년까지였다(이강오, 앞의 책, 357쪽).
7. 익산시사편찬위원회,『익산시사』 중, 익산시, 2003년, 1789~1790쪽, 이강오, 앞의 책, 356~367쪽.
8. 이찬구는 대전대학교에서 철학박사 학위를 받았다. 주요 저서에는『홍산문화의 인류학적 조명』(개벽사, 2018),『통일철학과 단 민족주의』(한누리미디어, 2015),『고조선의 명도전과 놈』(동방의 빛, 2013),『천부경과 동학』(모시는 사람들, 2007) 등이 있다.
9. 초대 회장 한양원(韓陽元, 1924~2016)은 협의회 설립 계기를 1985년 서울시 단군성전 건립 계획이 개신교 반대로 무산된 것에서 찾는다. 당시를 떠올리며 한 회장은 "울화가 치밀더라고요"라고 말했다. 해방된 조국에서 국조 단군이 우상으로, 민족종교 교단들이 사이비 종교로 몰리는 상황에서 당시 명맥만 유지하던 민족종교친목회를 확대해 1985년 현재의 한국민족종교협의회를 탄생시켰다(「창립 30주년 맞는 민족종교협의회 한양원 회장」,『세계일보』, 2015. 9. 1). 한국민족종교협의회 취지문에도 단군이 나온다. "우리 민족은 한웅께서 백두산에 강림하사 신시(神市)를 열어 신정을 베푸시고 국조 단군성조께서 아사달에 개국하사 덕화로 온 누리를 다스리니 그 표상이 홍익인간 재세이화였습니다. (…) 한국민족종교는 한결같이 구국제민과 인류평화의 큰 뜻을 품고 상고로부터 내려온 고유한 종교사상의 맥을 이으며 새 종교사상을 제시한 같은 혈족의 교단입니다." 1985년에 창설한 민족종교협의회는 1991년에 법인을 설립하였다(한국민족종교협의회 편,

『한국민족종교운동사』, (사)한국민족종교협의회, 2003).

10. 김제 이전에는 1942년 경북 의성에서 증산과 단군상을 봉안하였다. 태평전을 건립하기 전부터 증산법종교에서 단군을 모시고 있었음을 알 수 있다(김홍철, 앞의 책, 870~871쪽).

11. 전병훈은 "오직 『천부경』만이 하늘과 사람을 포괄하고 도(道)와 성(聖)을 모두 겸하였다고 본다. 분명코 이것은 우리 단군성조의 정신을 담고 있는 진전(眞傳)임을 믿어 의심치 않는다"라고 말했다. 『천부경』을 하늘이 주신 '천서(天書)'라고 극찬한 그의 『정신철학통편』은 세계의 지도자와 도서관 등지에 보냈다(임채우, 『한국의 신선: 그 계보와 전기』, 소명, 2018, 117~129쪽). 『천부경』에 관한 연구는 대전대학교 철학과에서 최초로 박사학위를 받은 이근철의 『천부경 철학 연구』(모시는 사람들, 2011년)가 있다. 전병훈의 『천부경』 해제에 관한 연구는 윤창대, 『전병훈 정신철학통편 연구: 한국철학의 위상과 성격을 중심으로』, 국제뇌교육종합대학원대학교 박사학위 논문, 2015; 군산대학교 철학과 교수 김성환의 『우주의 정오: 서우 전병훈과 만나는 철학 그리고 문명의 시간』, 소나무, 2016, 제3부 제7장 참조. 조준희는 1913년에 제정한 「단군교종령(檀君敎宗令)」에서 『천부경』을 찾아 기존 계연수 발굴 연도보다 더 소급할 수 있다고 밝혔다(조준희 외, 『단재 정훈모전집』2, 아라, 2015, 25~27쪽).

12. 「"檀君廟 세우자" 運動展開토록」, 『동아일보』, 1962. 7. 8.

13. 진안군 편, 『진안군사』, 진안군, 1992, 1055~1056쪽. 이 책에는 '단운사 소장 단군상' 사진이 실려 있다.

14. 옥구향교지간행편찬위원회 편, 『옥구향교지』, 옥구향교지간행편찬위원회 1994, 510쪽.

15. 고창문화연구회, 『고창의 마을』4, 2012, 28쪽.

16. 대표적으로 한길 종사(속명 강가울)는 1996년에 경남 밀양시 상동면 소천봉(小天峰) 자락에 신불사를 세웠다. 이곳에도 환웅을 상으로 모

시고 있다. 필자는 한길 종사 덕분에 한산 대사를 만났고 무주 신불사 도 방문할 수 있었다.

17. 송원홍 편저, 『배달전서』, 밀알, 1987, 27~28쪽.
18. 김남일, 『근현대 한의학 인물실록』, 들녘, 2011, 385쪽.
19. 『환단고기』는 독립운동가 계연수에 의해 1911년 처음 편찬되었다. 이유립(1907~1986)이 소장하고 있다가 1979년에 처음 출판한 후 1980년 초부터 여러 출판사를 통해 세상에 널리 알려진 책이다(임채우·유흔우·박미라, 『단군자료집성』 한국민족종교협의회, 2015, 76~86쪽).
20. 『환단고기』, 「단군세기」. "하늘은 깊고 고요함에 큰 뜻이 있어 그 도는 온 누리에 막힘이 없이 가득하리니. 모든 일은 다만 참된 것으로부터 비롯됨이라. 땅은 가득 품고 있음에 큰 뜻이 있어 그 도는 어디에나 막힘이 없이 드러나리니. 모든 일은 다만 부지런히 힘쓰는 것으로부터 비롯됨이라. 사람은 살펴 아는 것에 큰 뜻이 있어 그 도는 어디에서나 막힘이 없이 고르고 구별함이니 모든 일은 다만 조화를 이룸으로부터 비롯됨이라. 그렇기 때문에 신은 정성스러운 마음으로 내려와 성품은 광명을 이루어 세상에 바른 가르침을 펴서 온 누리를 이롭게 하나니(其念標之文曰天以玄默爲大其道也普圓其事也眞一地以蓄藏爲大其道也效圓其事也勤一人以知能爲大其道也擇圓其事也協一故一神降衷性通光明在世理化弘益人間仍刻之于石)."
21. 『태조실록』. "임금(태조 이성계)이 잠저(潛邸)에 있을 때, 꿈에 신인(神人)이 금척(金尺)을 가지고 하늘에서 내려와 주면서 말하기를 '시중(侍中) 경복흥(慶復興)은 청렴하기는 하나 이미 늙었으며, 도통(都統) 최영(崔瑩)은 강직하기는 하나 조금 고지식하니, 이것을 가지고 나라를 바로잡을 사람은 공(公)이 아니고 누구이겠는가?'하였다."
22. 「단군사상 교육 부진」, 『경향신문』, 1987. 9. 25.
23. 「단군 성전 건립 기공식」, 『연합뉴스』. 1992. 10. 3.
24. 정읍 옛 단군전과 관련하여 『정읍군지』를 비롯해서 관련 문헌을 검토

하였으나 찾을 수 없었다. 정읍문화원과 향토사학자 이진우 씨 등을 통해 알아본 결과 역시 모른다는 답변이었다. 이 씨는 대종교 시교당이 정읍에 세워진 것과 연관되지 않을까 추정했지만 확신할 수 없다. 오금식 씨 주장은 구전으로 전해진 것이라 생각된다.

25. 남한 단군학회와 북한 조선력사학회는 노무현 정부 시절인 2002년부터 2005년까지 단군 및 고조선에 관한 남북 공동 연구를 진행하였다(단군학회 엮음, 『남북 학자들이 함께 쓴 단군과 고조선 연구』, 지식산업사, 2005 참고).

2부_ 2장. 충청도

1. 서산시, 『서산시지』5, 서산시, 1998, 115쪽.
2. 지교(知敎)란 대종교에 입교하고서 참교(參敎)가 된 지 3년 이상으로 신행(信行)이 독실하고 교리 공부에 노력한 교우를 말한다. 대종교 남도본사는 부여군 장하리 천조궁 편에서 설명하겠다.
3. 이강오, 『한국신흥종교총감』, 대산기획, 1992, 343~344쪽.
4. 이강오, 앞의 책, 351쪽.
5. 이응국, 『난세의 사상가 야산 이달』, 한길사, 2017.
6. 이응국, 앞의 책, 213쪽. 이후 불상이 세워지고 정법궁이라는 현판을 달면서 바뀐 것으로 추정된다.
7. 이강오에 따르면 단군을 모시는 창운각과 관운장을 모시는 충의전이 따로 있었다고 한다. 이후에 합쳐진 것으로 보인다(이강오, 앞의 책, 351쪽).
8. 『오계일지집』, 『규원사화』.
9. 박성수, 『단군문화기행』, 석필, 2009, 192~199쪽.
10. 본명은 강석기(姜錫箕), 호는 호석(湖石)이다. 나철과 마찬가지로 대종교를 중광하며 외자로 개명하였다.

11. 충남대학교 마을연구단, 『부여 장정마을』, 대원사, 2006. 45~47쪽.
12. 대종교종경종사편수위원회, 『대종교중광육십년사』, 대종교총본사, 1971, 851~852쪽.
13. 이강오, 앞의 책, 57~58쪽.
14. 서산시, 『서산시지』7, 서산시, 1998, 350쪽.
15. 이강오, 앞의 책, 369~370쪽.
16. 국토지리정보원, 『한국지명유래집』, 진한엠앤비, 2015 참조.
17. 공주숭모회, 『숭모지』, 공주숭모회, 2003, 18~21쪽.
18. 안호상은 "백낙준 씨의 아이디어로 민족관의 이름을 개천궁으로 하기로 했다. 백낙준 박사는 이를 위해 기독교인들을 설득하기도 했는데 나는 그런 의미에서 그를 깊이 존경했다"라고 말했다(안호상, 『한뫼 안호상 20세기 회고록』, 민족문화출판사, 1996, 291쪽).
19. 공주숭모회, 앞의 책, 10쪽.
20. 공주숭모회, 앞의 책, 30쪽.
21. 오정영, 『豊村 回顧錄』, 2002, 213쪽.
22. 오정영, 앞의 책, 213~214쪽.
23. 오정영, 앞의 책, 215쪽.
24. 「조성대, 홍제성, 北 만수대창작사, 中 국제예술전 참가」, 『연합뉴스』, 2009. 8. 31.
25. 단군정맥은 1964년에 대전에서 설립되었다. 초대 회장은 신기훈 씨였고 처음에는 국조단군봉안회였는데 이후 개칭하였다. 현재 송병무 씨가 회장을 맡고 있으며 사무실에 송기영 화백이 2007년에 그린 단군영정을 모시고 있다.
26. 「단군사당서 '홍익인간' 펼치는 조병호 씨 우리얼지키기 꿋꿋한 한평생」, 『한겨레』, 1994. 4. 6.
27. 이강오, 앞의 책, 378~379쪽. 조금상 씨는 당시 단군전 현판이 광명전이었다고 증언했다.

28. 이강오, 앞의 책, 443쪽.

29. 이강오, 앞의 책, 352~353쪽.

30. 「증평 단군전 주변, 역사공원으로」, 『충청매일』, 2014. 7. 13.

31. 단군연혁비에는 "1971년 제4대 조관구(趙觀九) 회장은 단군전 건립을 결의하고 1974년 군 보조금과 수천 주민 참여와 1500여 명의 초중생이 동참하여 9월 20일 단군전을 착공, 12월 30일에 완공하였다"라고 밝혔다.

32. 「괴산 연풍면 홍천사」, 『법보신문』, 2016. 11. 29.

33. 「선불교, 국내 최대 규모 단군성전 '국조전' 건립」, 『세계일보』, 2006. 4. 5; 「"지금, 여기, 다 함께가 중요합니다" 선불교 창시자 만월 도전」, 『중부매일』, 2006. 5. 24.

34. 『부도지』는 마고성(麻姑城)을 중심으로 인류의 시원에서부터 한민족의 기원을 다룬 신화다. 이 책의 원저자는 신라 눌지왕 때 사람인 박제상이라고 한다. 박제상의 55세손이자 함북 문주 출신 박금(朴琴, 1895~?, 본명 박재익)이 집안에 전해 내려오던 『징심록』의 일부인 『부도지』를 기억에 의거해 복원해서 59세 되던 1953년에 공개했다(임채우·유흔우·박미라, 『단군자료집성』, 한국민족종교협의회, 2015, 71~76쪽). 이에 관한 연구는 정경희, 「한국선도와 징심록」, 『선도문화』14, 국제뇌교육종합대학원대학교 국학연구원, 2013 참조.

35. 『삼국사기』권4 『신라본기』 진흥왕 37년 조. "國有玄妙之道, 曰風流. 設教之源, 備詳仙史."

36. 이에 관한 연구는 임채우, 「한국 선도와 한국 도교: 두 개념의 보편성과 특수성」, 『도교문화연구』29, 한국도교문화학회, 2008 참조.

37. 최광식, 「이차돈설화에 대한 신고찰」, 『한국전통문화연구』, 효성여자대학교 한국전통문화연구소, 1985.

38. 천주교 신자 황사영(1775~1801)은 1801년(순조 1) 신유박해의 전말과 대응책을 흰 비단에 적어 중국 북경의 구베아(A. de Gouvea) 주교

에게 보내고자 한 밀서를 전달하려다 체포되고 밀서도 압수됐다. 밀서에는 서양의 배 수백 척과 군대 5만~6만 명을 조선에 보내어 신앙의 자유를 허용하도록 조정을 굴복시키는 방안을 제시하였다. 그의 죽음은 천주교의 입장에서는 순교이지만, 그의 행동은 외세를 끌어들이려고 한 매국노(賣國奴)라는 비판을 받고 있다(이형래, 『예수를 배반한 기독교』, 일월서각, 2003, 제3장 참조).

39. 신채호, [E-book] 『낭객의 신년만필』, 도디드, 2014, 4쪽.

2부_ 3장. 경상도· 강원도

1. 『삼일신고』「천훈」. "神國 有天宮 階萬善 門萬德 一神攸居 群靈諸哲 護侍 大吉祥 大光明處 惟性通功完者 朝永得快樂."
2. 밀양지편찬위원회 편, 『밀양지』, 밀양군·밀양문화원, 1987년, 부록 6쪽.
3. 이강오, 『한국신흥종교총감』, 대산기획, 1992, 348쪽.
4. 밀양아리랑대축제 대회장은 천진궁에서 고유제를 올린다. 고유제 발원문은 아래와 같다. "단군기원 ****년 *월 *일은 제*회 밀양아리랑대축제를 맞이해 대회장 ***는 국조 단군의 성전에 감히 밝히옵니다. 국조의 개국성지이신 한배검께서 펴신 홍익인간의 이념을 이어받아 이 겨레가 간직한 고유문화의 창달을 꾀하고 나아가 국민총화로 선진조국 창조의 우렁찬 전진에 발맞추어 새로운 민족문화를 창달코자 제**회 밀양아리랑대축제를 개최하게 되었사오니 굽어 살피시어 온 누리에 밝은 빛을 내려 주옵기를 삼가 고하나이다."
5. 「[함양 소사(小史), 3] 단군 성조전과 이전 개축의 필요」, 『함양신문』, 2016. 10. 4.
6. 고원규, 『청학동의 상품화와 전통의 창출: 상상의 이상향에서 관광명소로』, 민속원, 2016, 135~145쪽.

7. 「사라진 보문산 명물 '청심등대세계평화탑'」, 『중도일보』, 2016. 7. 4.
8. 김백룡·김정일 편저, 『원전 천부경』, 태웅출판사, 2000, 81쪽.
9. 이강오는 최항묵이 상주군수를 지냈다고 하는데(이강오, 앞의 책, 357쪽) 사실이 아니다.
10. 이강오, 앞의 책, 357~358쪽.
11. 거리문화시민연대, 『대구 新 택리지』, 거리문화시민연대, 2007, 68쪽.
12. 「정동영 후보 국조단군성전 방문」, 『연합뉴스』, 2007. 11. 16.
13. 조윤남은 앞으로의 계획에 대해 "청소년을 위한 도서실을 만들고 선친이 세운 단군 사당인 국조전을 보수하는 것"이라고 밝혔다. 부친에 이어 국조전을 관리하고 있었음을 알 수 있다. 「용신봉사상 조윤남 할머니 30여 년 사회봉사 … "근로청소년 도울 터"」, 『동아일보』, 1988. 11. 1; 「한적 칠곡 부녀회 조윤남 씨 "지역 여성 위해 남은 여생 바치겠다"」, 『경향신문』, 1988. 11. 1.
14. 『삼국지』「동이전(東夷傳)」 한(韓) 조.
15. 신용하, 『고조선문명의 사회사』, 지식산업사, 2018, 470~474; 윤내현, 『고조선 연구』, 일지사, 1994, 266~267쪽.
16. 『참전계경』은 『삼일신고』와 함께 대종교의 주요 경전이다. 성(誠)·신(信)·애(愛)·제(濟)·화(禍)·복(福)·보(報)·응(應)의 팔리(八理)를 근본으로 366조목에 달하는 체계적인 교리를 담고 있다. 그런데 '참전계경'은 경전의 원명이 아니다. 정훈모는 1908년 일본 도쿄의 한 여관에서 백두산 도인 두일백(杜一白)으로부터 『성경팔리』라는 책을 전수받는다. 정훈모는 단군교단에서 1914년부터 주 경전으로 활용했다. 1921년에 한문본, 1926년에 순한글 번역본으로 출간됐다. 그러나 단군교가 1936년 7월 조선총독부의 단성전 시교부 해산 명령에 따라 문을 닫은 이후 대종교 신도 박노철이 1965년 『단군예절교훈성경팔리삼백육십육사』라는 서명으로 간행했다. 이를 저본으로 1972년 이유립은 '참전계경'으로 바꾸고 『환단휘기』에 포함해 출판함으로써 세상에 알려진

것이다(조준희·유영인, 『단재 정훈모 전집: 천부경, 삼일신고, 성경팔리』, 아리, 2015, 71~72쪽). 훗날 대종교단은 1975년 교의회의 결정에 따라 『성경팔리』를 '참전계경'이라는 이름으로 공인해서 1983년 『대종교요감』에 경전으로 실었다(임채우·유흔우·박미라, 앞의 책, 342쪽).

17. 이한길, 『동해시 서낭제』, 민속원, 2010, 44~45쪽.
18. 「上海에建國紀元節」, 『동아일보』, 1924. 11. 9.
19. 서영대, 앞의 책, 2009, 66~67쪽.
20. 서대석, 「무당내력 해제」, 『무당내력』, 민속원, 2005, 3~7쪽.
21. 신채호 지음 / 박기봉 옮김, 『조선상고문화사(외)』, 비봉출판사, 2007, 78쪽
22. 「神敎叢話: 紫霞先生訓蒙」, 『국학연구』9, 국학연구소, 2004. 283쪽; 유정수 편역, 『천부경과 신교총화』, 여강출판사, 2006, 132~133쪽; 임채우·유흔우·박미라, 『단군자료집성』, 한국민족종교협의회, 2015, 326쪽. "천왕(환웅 천왕) 탄신일은 4월 13일이고 성후의 탄신일은 2월 10일이다. 신조(단군왕검) 탄신일은 10월 3일이고 서갑의 탄신은 7월 18일이며 왕모께서 대단주를 준 날은 3월 8일이다(曰 天王誕辰 四月十三日 成后誕辰 二月十日 祖誕辰 十月三日 西岬誕辰 七月十八日 王母授黃帝大丹珠日 三月八日)."
23. 『환단고기』.

2부 _ 4장. 서울·경기도

1. 김동환은 "나철이 품은 국망도존(國亡道存)의 가치는 대종교 중광 이전에 이미 품었다"라고 밝혔다. 김윤식은 나철이 자결하자 병들어 누워 있으면서도 황정욱을 보내 제문을 올렸다. "그대(나철)가 일찍이 나에게 말하길 어제가 잘못이었음을 오늘에 깨달았다고, 나라는 망해도 도(정신)는 남았으니 하늘이 위임한 바라 하였네. (…) 사교가 된 내가

이들을 구제하지 못한다면 사교의 임무를 게을리 함이니 그 벌은 죽어야 마땅하다 하였네. 맹세컨대 실낱같은 목숨 바쳐 만백성 위하여 속죄하리니 하늘에 계신 신조께서 미약한 뜻 살펴 주시리라 하였네. 나는 말하였네 옳지 않다고(『雲養集』第13卷, 「祭文」, 〈祭大倧敎都司敎弘巖羅君喆文〉. 君嘗語余 昨非今悟 國亡道存 天所畀付 (…) 予爲司敎 不能拯溺 怠棄所司 厥罰當殛 誓捐一縷 爲萬民贖 神祖在上 庶察微志 余謂不可).” 김동환, 「홍암 나철 죽음의 대종교적 의미」, 『홍암나철선생 서거 100주기 추모 학술회의』, 국학연구소, 2016, 67쪽 재인용.

2. 신규식 저 / 민병하 옮김, 『한국혼』, 박영사, 1975, 38쪽.
3. 선도문화연구원 편, 『한국선도의 역사와 문화』, 국제평화대학원대학교출판부, 2006, 614~616쪽.
4. 박영석, 「대종교의 민족의식과 항일독립운동(상)」, 『한국학보』31, 1983; 박영석, 「대종교의 민족의식과 항일독립운동(상)」, 『한국학보』32, 1983.
5. 대종교종경종사편수위원회, 『대종교중광육십년사』, 대종교총본사, 1971, 297쪽.
6. 김교헌 저 / 윤세복 역, 『홍암신형조천기』, 대종교총본사, 1954, 51쪽.
7. 「보성군, 나철선생기념관 개관」, 『전남일보』, 2016. 10. 19.
8. 임채우, 「해방 후 단군 인식의 변화와 문제」, 『선도문화』12, 국제뇌교육종합대학원대학교 국학연구원, 2012, 53쪽.
9. 시흥동은 조선시대에는 경기도였는데 1963년 서울시에 편입됐다.
10. 박미라, 「근대 유교의 단군 국조론 연구」, 『한국사상과 문화』28, 2005, 249~251쪽 ; 이강오, 『한국신흥종교총감』, 대산기획, 1992, 347쪽.
11. 2018년 12월 4일 단군전 터 표석 이전과 관련하여 금천구청에 문의하자 이전한 것은 맞고 사유지이며 표석의 유형에 따라 다를 수 있다고 답했다.
12. 이강오는 도봉산 단군상을 건립한 사람은 전홍인이 아니라 김홍인이

라고 밝혔다. 또, 한국신흥종교분류일람(1992년 2월 현재)에서는 김진인이라고 하였다. 서로 다르게 표기하고 있는 것을 알 수 있다. 당시 단군상 건립을 보도한 『경향신문』(1967년 10월 3일 자)과 현재 공덕비에 새겨진 이름이 전홍인이라고 볼 때 이강오의 오기로 판단된다(이강오, 앞의 책, 379·1591쪽).

13. 이강오, 앞의 책, 380쪽.
14. 2017년 11월 15일 이홍수 씨와의 인터뷰.
15. 이숙봉의 아들이자 현정회 4대 이사장인 이건봉은 사직신상에 관해 환웅이라고 주장하였다. 사직신은 국가신이고 땅(地)과 관련하여 환웅이라는 것이다. 현 사직단이 조선시대 토신과 곡신을 모신 곳이라면, 어머니가 세우려고 했던 사직기념관은 국가신을 모시고자 했던 것이라고 설명하였다.
16. 이강오는 1960년에 이숙봉이 사직공원 안의 천관암이라는 암자를 구입하여 여기에 사직신과 단군신명의 소상을 만들어 봉안하고 역대 시조 왕과 충국열사들의 위패까지 봉안하였다고 밝혔다(이강오, 앞의 책, 377쪽). 반면, 이건봉은 1955년이라고 말하였다. 필자는 유족의 주장을 따르고자 한다.
17. 이강오, 앞의 책, 376~377쪽; 「민족정기(民族正氣)·주체성(主體性)의 지주(支柱) 단군성전(檀君聖殿)·사직기념관 완공」, 『동아일보』, 1968. 9. 5; 「토막소식—단군 성전 및 사직기념관에 낙성봉축제」, 『대한뉴스』, 1968. 9. 14.
18. 이종익·이희수·최수정, 『유가밀교』, 천화불교포교원, 1968, 95쪽.
19. 대종교 단군의 어깨나 허리 부분에 나뭇잎 장식을 하고 있다. 이는 5천년 전 단군시대에서도 직조 기술 등 상당한 수준의 문화가 발달했었다는 사실에 근거해서 나뭇잎 장식을 떼어 버렸다. 의상의 색채 또한 권위와 위엄을 나타내는 황색으로 채색했다. 흰 천 띠를 두르는가 하면 얼굴 또한 전형적인 한국의 위인상(偉人像)을 부각시켜 상의 이목구

비, 즉 골상(骨相) 면에서 필수적으로 갖추어야 할 표준치(標準値)를 산출하고 복식 또한 평화를 상징하는 짙은 올리브색을 바탕으로 하여 안정감과 친화감을 동시에 드러낼 수 있도록 했다(홍석창, 「땅에 전 노방자락: 집집마다 단군 영정을 모시자」, 『현정』가을호, 현정회, 1997, 139쪽; 윤여덕, 『역사의 고향으로 떠난 사람들』, 우리책, 2011, 542쪽.

20. 이희승, 『다시 태어나도 이 길을』, 선영사, 2001, 302~303쪽.
21. 이희승, 「단군정신의 선양은 통일의 원동력」, 『수필집 메아리 없는 넋두리』, 인물연구소, 1988, 52~57쪽.
22. 현정회는 단군과 함께 왕후인 비서갑의 신위를 2005년에 모셨다. 제사를 지낸 것은 광복 60년을 맞은 2005년 개천절에 이르러서다(이동희, 「[기고] 개천절, 우리에게 단군은 누구인가」, 『경향신문』, 2005. 9. 30). 이동희는 단국대 명예교수이고 현정회 이사로 활동했다. 그 외 환인과 환웅 위패 또한 2000년 이후에 세워진 것이다.
23. 김의정, 『명원 김미희』, 학고재, 2010, 236쪽.
24. 김의정, 앞의 책, 235쪽.
25. 한영우, 『한국선비지성사: 한국인의 문화적 DNA』, 지식산업사 2010, 101~108쪽.
26. 김교헌 지음 / 이민수 옮김, 『신단실기』, 한뿌리, 1987, 69~70쪽. "제단은 17자인데, 돌로 쌓아서 위는 모나게 아래는 둥글게 만드니 사방이 각각 6자 6치이며, 아래는 각각 15자로 둘려 있다. 혹은 말하기를, 마니산은 강과 바다의 모퉁이로서, 땅이 한적하고 깨끗하고 조용하고 깊어서, 신명(神明)한 자리이다. 그렇기 때문에 제사지내는 자리를 만들어서 상제께 제사지낸다."
27. 『환단고기』에도 원방각의 유래가 나온다. "삼한에 옛 풍속이 있는바 모두 10월 상순에 국중대회를 열어 둥근 단을 쌓고 하늘에 제사지낸다. 땅에 제사지냄을 방구(方丘)라 하고 돌아가신 아버지를 제사지냄은 각목(角木)이라 하나니, 산에 웅상(雄常)의 상(像)을 만듦은 모두

그 유법(遺法)이다(三韓古俗皆十月上旬國中大會築圓壇而祭天祭地則方丘祭先則角木山像雄常皆其遺法也)."

28. 작성자는 조소앙이다. 김교헌·김동삼·조용은·신규식·정재관·여준·이범윤·박은식·박찬익·이시영·이상룡·윤세복·문창범·이동녕·신채호·허혁·이세영·유동열·이광·안정근·김좌진·김학만·이대위·손일민·최병학·박용만·임방·김규식·이승만·조욱·김약연·이종탁·이동휘·한흥·이탁·황상규·이봉우·박성태·안창호가 서명하였다. 선언문에는 "우리 단군 대황조께서 상제(上帝)에 좌우하시어 우리의 기운(機運)을 명하시며, 세계와 시대가 우리의 복리를 돕는다"라고 밝혔다.

29. 조덕천, 「대한민국 임시정부의 국경일 제정과 '건국기원절' 기념」, 『한국근현대사연구』 82, 한국근현대사학회, 2017, 199~203쪽

30. 조남호, 『한국 선도사상의 3수 문화: 선도 문헌과 대종교 계열의 학자들을 중심으로』, 소나무, 2017, 207~216쪽.

31. 이현희, 「단군인식의 통사적 해석과 향후의 과제」, 『한국사의 단군인식과 단군운동』, 국제평화대학원대학교출판부, 2006, 36쪽 재인용.

32. 「김구주석담사」, 『동아일보』 1945. 12. 20. "우리의 독립 주권을 창조하는 것이 무엇보다도 긴급하고 중대한 임무이외다. 우리가 임무를 달성하자면 오직 3·1 대혁명의 민주단결 정신을 계속 발양해야 됩니다. 남북 조선의 동포가 단결해야 하고, 좌파 우파가 단결해야 하고, 남녀노소가 단결해야 합니다. 우리 민족 개개인의 혈관 속에는 다 같이 단군성조의 성혈(聖血)이 흐르고 있습니다."

33. "단군(檀君)성조(聖祖)가 천혜의 이 강토 위에 국기(國基)를 닦으신 지 반만년, 면면히 이어 온 역사와 전통 위에 이제 새 공화국을 바로 세우면서 나는 국헌(國憲)을 준수하고 나의 신명(身命)을 조국과 민족 앞에 바칠 것을 맹세하면서 겨레가 쌓은 이 성단(聖壇)에 서게 되었습니다." 박정희는 제5대와 6대 대통령 취임사에서도 단군성조로 시작하였다(조진태, 『역대 대통령 취임 연설문 모음』, 부크크, 2017).

34. 박정희 대통령의 개천절 일기는 아래와 같다. 관련하여 『채널A』 방송 보도가 있었다(「개천절 날 일기 쓴 박정희 대통령 … 무슨 내용?」, 『채널A』, 2014. 10. 3). "1975년 10월 3일 (금) 맑음, 단기 4038년 개천절이다. 단군성조(聖祖)가 이 땅에 나라를 세우신 지 4038년. 홍익인간(弘益人間)이란 민족의 이상을 구현하기 위하여 지난 4천 년 동안 우리 조상들이 이 땅에 생을 영위하면서 가꾸고 건설하고 키워 왔다. 영고성쇠(榮枯盛衰), 민족이 걸어온 역정에는 허다한 굴곡과 기복도 있었으나 한 조상의 핏줄을 이어받아 연면히 조국의 수호와 민족의 발전을 위한 민족의 전진은 계속되어 왔다. 앞으로도 영원히 계승될 것이다. 올바른 민족사관(民族史觀)에 입각하여 배달민족이 걸어온 전통(傳統)과 정통(正統)을 우리들이 계승하고 창조적인 발전을 위하여 온 겨레가 가일층 분발하고 정진하겠다."

35. 「金(김)총재 발언 규탄」, 『경향신문』, 1987. 12. 4; 「단군성전건립반대발언 김영삼총재에 취소요구 민족종교협」, 『동아일보』, 1987. 12. 1.

36. 법무법인 충정 고문 변호사 곽영철은 국무총리가 대통령을 대신해서 개천절을 경축하는 것은 헌법 위반이라고 주장하였다. 다음은 그의 발언이다(「[발언대] 왜 개천절 경축사만 총리 이름으로 하나」, 『조선일보』, 2016. 10. 5). "국경일 공식 행사에 국가 원수인 대통령이 참석해 온 국민과 함께 기념하고 의미를 되새기는 것은 대통령 직책상 당연한 업무라고 본다. 국무총리가 대통령 경축사를 대독할 수 있을 것이다. 그러나 총리가 본인 이름으로 개천절 경축사를 하는 것은 심각한 헌법 위반이다. 국무총리가 대통령의 권한을 대행할 수 있는 경우 헌법상 '대통령이 궐위되거나 사고로 인하여 직무를 수행할 수 없을 때'로 한정되어 있다(헌법 제71조) 이런 위중한 시기가 아닌 평상시에 총리가 대통령이 해야 할 일, 즉 대통령의 권한을 대행하는 것은 허용하지 않

는 것이다."

37. 「5대 국경일인 '개천절'…학생들에게 물어보니 "몰라요"」, SBS, 2018. 10. 3.

에필로그

1. 게오르규, 『25시를 넘어 아침의 나라로, 한국찬가』, 범서출판사, 1984, 19~20쪽.
2. 임마누엘 페스트라이쉬, 『한국인만 모르는 다른 대한민국』, 21세기북스, 2013. 219~220쪽. "유치원에서부터 아이들에게 자신뿐 아니라 주변 사람, 사회, 국가, 전 세계의 환경과 평화 등 여러 가지 문제에 대해 생각하도록 가르쳐야 한다. 홍익인간 정신이 한국 교육의 기반으로 자리 잡으면 현재 한국 교육이 가진 장점, 즉 좋은 교과서와 높은 수준의 선생님이 뜨거운 교육열과 긍정적으로 합쳐져 세계에서 선례를 찾기 힘든 훌륭한 교육 시스템을 만들 수 있다."
3. 한영우, 『미래와 만나는 한국의 선비문화』, 세창출판사, 2014, 247~258쪽.

참고문헌

【원전】

『규원사화(揆園史話)』, 『동사(東史)』, 『동사강목(東史綱目)』, 『삼국사기(三國史記)』, 『삼국유사(三國遺事)』, 『수산집(修山集)』, 『신증동국여지승람(新增東國輿地勝覽)』, 『오계일지집(梧溪日誌集)』, 『응제시(應製詩)』, 『제왕운기(帝王韻記)』, 『조선사연구(朝鮮史硏究)』, 『조선왕조실록(朝鮮王朝實錄)』, 『표제음주동국사략(標題音註東國史略)』, 『해동이적(海東異蹟)』, 『환단고기(桓檀古記)』

【단행본】

거리문화시민연대, 『대구 新 택리지』, 거리문화시민연대, 2007.

고창문화연구회, 『고창의 마을』4, 2012.

고원규, 『청학동의 상품화와 전통의 창출—상상의 이상향에서 관광명소로』, 민속원, 2016.

곡성중앙초등학교총동창회, 『곡성중앙초등학교 백년사』, 곡성하늘광고기획, 2011.

공주숭모회, 『숭모지』, 공주숭모회, 2003.
권경안, 『한국의 곡성』, 향지사, 1998.
게오르규, 『25시를 넘어 아침의 나라로, 한국찬가』, 범서출판사, 1984.
국토지리정보원, 『한국지명유래집』, 진한엠앤비, 2015
김교헌 지음 / 이민수 옮김, 『신단실기』, 한뿌리, 1987.
김남일, 『근현대 한의학 인물실록』, 들녘, 2011.
김백룡·김정일 편저, 『원전 천부경』, 태웅출판사, 2000.
김의정, 『명원 김미희』, 학고재, 2010.
김성환, 『고려시대의 단군 전승과 인식』, 경인문화사, 2002.
김홍철, 『한국신종교대사전』, 모시는사람들, 2016.
단군학회 엮음, 『남북 학자들이 함께 쓴 단군과 고조선 연구』, 지식산업사, 2005.
대종교종경종사편수위원회, 『대종교경전』, 대종교총본사, 2002.
대종교종경편수위원회, 『대종교중광육십년사』, 대종교총본사, 1971.
도미니크 모이시 저 / 유경희 옮김, 『감정의 지정학』, 랜덤하우스, 2010.
동지편찬위원회 편, 『진도향교지』, 진도: 동지편찬위원회, 1988.
김교헌 저 / 윤세복 역, 『홍암신형조천기』, 대종교총본사, 1954.
밀양지편찬위원회 편, 『밀양지』, 밀양군·밀양문화원, 1987.
문순태, 『의재 허백련』, 중앙일보 : 동양방송, 1977.
박선희, 『고조선문명의 복식사』, 지식산업사, 2018.
박성수, 『단군문화기행』, 석필, 2009.
북애 지음 / 고동영 옮김, 『규원사화』, 한뿌리, 2005.
서대석, 『무당내력』, 민속원, 2005.
서영대 외, 『고조선사 연구 100년』, 학연문화사, 2009.
선도문화연구원 편, 『한국선도의 역사와 문화』, 국제평화대학원대학교출판부, 2006.
서산시, 『서산시지』7, 서산시, 1998.

세계역사문화연구소 편, 『한국사의 단군인식과 단군운동』, 국제평화대학원대학교출판부, 2006.
송원홍 편저, 『배달전서』, 도서출판 밀알, 1987.
신규식 저 / 민병하 옮김, 『한국혼』, 박영사, 1975.
신용하, 『고조선문명의 사회사』, 지식산업사, 2018.
신종원 외, 『일본인들의 단군연구』, 민속원, 2009.
신철호, 『한국중흥종교교조론』, 한국새종교연구원, 1979.
신채호, 『한국사연구초』, 을유문화사, 1974.
신채호, 『[E-book] 낭객의 신년만필』, 도디드, 2014.
안호상, 『한뫼 안호상 20세기 회고록』, 민족문화출판사, 1996.
오정영, 『豊村 回顧錄』, 2002년.
옥구향교지간행편찬위원회 편, 『옥구향교지』, 옥구향교지간행편찬위원회 1994.
우실하, 『고조선문명의 기원과 요하문명』, 지식산업사, 2018.
유정수 편역, 『천부경과 신교총화』, 여강출판사, 2006.
윤내현, 『고조선 연구』, 일지사, 1994.
윤여덕, 『역사의 고향으로 떠난 사람들』, 우리책, 2011.
이강오, 『한국신흥종교총감』, 대산기획, 1992.
이만열, 『우리 역사 5천년을 어떻게 볼 것인가』, 바다출판사, 2000.
이종익·이희수·최수정, 『유가 밀교』, 천화불교포교원, 1968.
이찬구, 『홍산문화의 인류학적 조명』, 개벽사, 2018.
이한길, 『동해시 서낭제』, 민속원, 2010.
이희승, 『다시 태어나도 이 길을』, 선영사, 2001.
이희승, 『수필집 메아리 없는 넋두리』, 인물연구소, 1988.
익산시사편찬위원회, 『익산시사』 중, 익산시, 2003.
임마누엘 페스트라이쉬, 『한국인만 모르는 다른 대한민국』, 21세기북스, 2013.

임재해, 『고조선문명과 신시문화』, 지식산업사, 2018.
임채우, 『한국의 신선—그 계보와 전기』, 소명, 2018.
임채우·유흔우·박미라, 『단군자료집성』, 한국민족종교협의회, 2015.
임채우·유흔우·박미라, 『단군 사묘·유적·유물 집성』, 한국민족종교협의회, 2017.
정인보 저 / 문성재 역주, 『조선사연구』 상하권, 우리역사연구재단, 2012.
정진홍, 『金先生廉白記』, 단군교지부, 1924.
조남호, 『한국 선도사상의 3수 문화—선도 문헌과 대종교 계열의 학자들을 중심으로』, 소나무, 2017.
조준희 외, 『대종교원전 자료집—대종교신원경』, 선인, 2011.
조준희 외, 『단재 정훈모 전집』 1~3권, 아라, 2015.
조준희 외, 『백봉전집』, 역사공간, 2017.
조진태, 『역대 대통령 취임 연설문 모음』, 부크크, 2017.
진안군, 『진안군사』, 진안군, 1992.
충남대학교 마을연구단, 『부여 장정마을』, 대원사, 2006.
한국민족종교협의회 편, 『한국민족종교운동사』, 사) 한국민족종교협의회, 2003.
한영우, 『미래와 만나는 한국의 선비문화』, 세창출판사, 2014.
한영우, 『한국선비지성사: 한국인의 문화적 DNA』, 지식산업사, 2010.

【연구논문】
「神教叢話: 紫霞先生訓蒙」, 『국학연구』9, 국학연구소, 2004.
김동환, 「대종교 항일운동의 정신적 배경」, 『국학연구』6, 국학연구소, 2001.
김동환, 「홍암 나철 죽음의 대종교적 의미」, 『홍암나철선생 서거 100주기 추모 학술회의』, 국학연구소, 2016.
박미라, 「근대 유교의 단군 국조론 연구」, 『한국사상과 문화』28, 2005.

박영석, 「대종교의 민족의식과 항일독립운동(상)」, 『한국학보』9(2), 일지사, 1983.
박영석, 「대종교의 민족의식과 항일독립운동(하)」, 『한국학보』9권 3호, 일지사, 1983.
서영대, 「金先生廉白記에 대하여」, 『단군학회』9, 단군학회, 2003.
서영대, 「근대 한국의 단군인식과 민족주의」, 『동북아역사논총』20, 동북아역사재단, 2008.
신운용, 「규원사화 연구성과와 과제」, 『선도문화』20, 국제뇌교육종합대학원대학교 국학연구원, 2016.
윤창대, 『전병훈 정신철학통편 연구: 한국철학의 위상과 성격을 중심으로』, 국제뇌교육종합대학원대학교 박사학위 논문, 2015.
이강오, 「단군신앙(총론1)」, 『전북대학교 논문집』10, 전북대학교, 1968.
이희승, 「단군정신의 선양은 통일의 원동력」, 『수필집 메아리 없는 넋두리』, 인물연구소, 1988.
임채우, 「한국선도와 한국도교: 두 개념의 보편성과 특수성」, 『도교문화연구』29, 한국도교문화학회, 2008.
임채우, 「해방 후 단군 인식의 변화와 문제」, 『선도문화』12, 국제뇌교육종합대학원대학교 국학연구원, 2012.
정경희, 「한국선도와 징심록」, 『선도문화』14, 국제뇌교육종합대학원대학교 국학연구원, 2013.
정광, 「일본 재소 한국학 자료의 현황과 활용방안: 苗代川 자료를 중심으로」, 『제1회 한국학포럼』, 이화여자대학교 한국문화연구원, 2005.
정영훈, 「규원사화에 나타난 민족의식」, 『정신문화연구』13(2), 정신문화연구원, 1990.
정영훈, 『'檀君民族主義'와 그 政治思想的 性格에 관한 硏究: 韓末-政府樹立期를 중심으로』, 단국대학교 박사학위 논문, 1993.
정영훈, 「단군신화의 정치사상」, 『동양정치사상사』8(2), 한국동양정치사상학회, 2009.
조덕천, 「대한민국 임시정부의 국경일 제정과 '건국기원절' 기념」, 『한국근현대사연구』 82, 한국근현대사학회, 2017.
조인성, 「한말 단군관계사서의 재검토: 『신단실기』·『단기고사』·『환단고기』를 중심으로」, 『국사관논총』3, 국사편찬위원회, 1989.
최광식, 「이차돈설화에 대한 신고찰」, 『한국전통문화연구』, 효성여자대학교 한국전통문화연구소, 1985.
허홍식, 「구월산 삼성당사적의 제의와 그 변화」, 『단군학연구』창간호, 단군학회, 1999.

【신문 방송 잡지】
「개천절 날 일기 쓴 박정희 대통령 … 무슨 내용?」, 『채널A』, 2014. 10. 3.
「[기고] 개천절, 우리에게 단군은 누구인가」, 『경향신문』, 2005. 9. 30.
「김구주석답사」, 『동아일보』, 1945. 12. 20.
「金(김)총재 발언 규탄」, 『경향신문』, 1987. 12. 4.
「남산에 단군동상」, 『조선일보』, 1966. 2. 1.
「단군동상건립반대 경북기독교인들」, 『조선일보』, 1966. 2. 9.
「단군동상건립반대」, 『조선일보』, 1966. 2. 22.
「"檀君廟 세우자" 運動展開토록」, 『동아일보』, 1962. 7. 8.
「단군사당서 '홍익인간' 펼치는 조병호씨 우리얼지키기 꼿꼿한 한평생」, 『한겨레』, 1994. 4. 6.
「단군思想 교육 부진」, 『경향신문』, 1987. 9. 25.
「단군성전건립반대발언 김영삼 총재에 취소요구 민족종교협」, 『동아일보』, 1987. 12. 1.
「檀君像 제막 道峰山봉안소에」, 『경향신문』, 1967. 10. 3.
「檀君神殿 宗教논쟁」, 『경향신문』, 1970. 2. 25.
「檀君影幀 懸賞募集」, 『동아일보』, 1920. 4. 11.

『독립신문』, 1921. 11. 19.
「'독립운동 아버지' 대종교 창시자 나철 선생 서거 100주기」, 『연합뉴스』, 2016. 9. 15.
「땀에 전 노방자락: 집집마다 단군 영정을 모시자」, 『현정』가을호, 현정회, 1997.
「민족관기공—교포 국민모금으로」, 『조선일보』, 1967. 10. 4.
「민족정기(民族正氣)·주체성(主體性)의 지주(支柱) 단군성전(檀君聖殿)·사직기념관 완공」, 『동아일보』, 1968. 9.5.
「[발언대] 왜 개천절 경축사만 총리 이름으로 하나」, 『조선일보』, 2016. 10. 5.
「배달의 얼 집대성할 민족관 건립」, 『경향신문』, 1968. 11. 11.
「보성군, 나철 선생기념관 개관」, 『전남일보』, 2016. 10. 19.
「사라진 보문산 명물 '청심등대세계평화탑'」, 『중도일보』, 2016. 7. 4.
「上海에建國紀元節」, 『동아일보』, 1924. 11. 9.
「삼청 민족관기공」, 『경향신문』, 1967. 10. 2.
「선불교, 국내 최대 규모 단군성전 '국조전' 건립」, 『세계일보』, 2006. 4. 5.
「숭령전과 삼성사」, 『올소리』5, 2007.
「애국지사 백당 신태윤 기념관 개관」, 『무등일보』, 2014. 11. 11.
「용신봉사상 조윤남 할머니 30여년 사회봉사 … "근로청소년 도울 터"」, 『동아일보』, 1988. 11. 1.
「옥산궁은 국조사당」, 『경향신문』, 1987. 8. 6.
「일본식 갓 안 바꿔? 목아 박물관 방화범 징역 2년」, 『기호일보』, 2018. 10. 22.
「정동영 후보 국조단군성전 방문」, 『연합뉴스』, 2007. 11. 16.
「조성대, 홍제성, 北 만수대창작사, 中 국제예술전 참가」, 『연합뉴스』, 2009. 8. 31.
「중정 신분증에 권총 차고 정치자금 날랐다」, 『주간조선』, 1995. 5. 4.
「증평 단군전 주변, 역사공원으로」, 『충청매일』, 2014. 7. 13.

「“지금, 여기, 다 함께가 중요합니다” 선불교 창시자 만월 도전」, 『중부매일』, 2006. 5. 24.
「토막소식—단군 성전 및 사직기념관에 낙성봉축제」, 『대한뉴스』, 1968. 9. 14.
「창립 30주년 맞는 민족종교협의회 한양원 회장」, 『세계일보』, 2015. 9. 1.
「한국인 54%, ‘단군은 실존인물’」, 『경향신문』, 1985. 8. 7.
「한국갤럽여론조사 단군성전건립 67.3%가 찬성」, 『동아일보』, 1985. 8. 7.
한시준, 「[시론] 경술국치일을 기억해야 하는 이유」, 『한겨레』, 2016. 8. 22.
「한적 칠곡부녀회 조윤남 씨 “지역 여성 위해 남은 여생 바치겠다”」, 『경향신문』, 1988, 11, 1.
「〈함양 소사(小史), 3〉 단군 성조전과 이전 개축의 필요」, 『함양신문』, 2016. 10. 4.
「현정회 탄생 그 아픔과 환희의 순간들(창립30주년기념특별좌담)」, 『현정』, 현정회, 1997.
「희미한 한민족 얼 찾기 위해—단군성조기념민족관 기공」, 『동아일보』, 1967. 10. 3.
「3일 기공식 삼청공원에 민족관」, 『매일경제』, 1967. 10. 2.
「5대 국경일인 ‘개천절’…학생들에게 물어보니 “몰라요”」, SBS, 2018. 10. 3.
「9. 괴산 연풍면 홍천사」, 『법보신문』, 2016. 11. 29.

색인

ㄱ
가경절 251
가한신 20
강동원 68, 292
강민주 201, 292
강순임 81, 291
강우 132, 133, 134, 135, 136
강일순 81
강진구 134, 135, 136, 291
개천궁 146, 307
개천문 64, 68, 133
개천민학회 44
개천절 5, 15, 38, 41-43, 45, 53, 55-57, 62, 65, 66, 70, 73, 76-79, 82, 89, 92, 95, 99, 104, 108, 112, 115, 117, 119, 126, 131, 133, 136, 141, 142, 146, 147, 155, 161, 163, 168, 171, 172, 178, 181, 188, 189, 199, 212, 217, 225, 229, 231-234, 242, 244-247, 251, 264, 269, 273, 276, 282-285, 287, 300, 302, 314, 316, 317
개천절 행사 발상지 표석 247
개천탑 141
개천홍성제 31
개태도광사 129
개태사 120, 127-129, 130, 131, 187, 291
건국기원절 235, 282, 283, 285, 315
건국전 200, 204, 292
게오르규 288, 317, 319
경술국치 32, 194, 243, 298, 303, 325
경천교 36
경천숭조애인 287
계관산 275
계룡산 37, 130, 157
계연수 4, 86, 304, 305
계화당 114
고열가 31
고인돌 18, 280
고조선 9, 10, 18, 19, 23, 33, 36, 54, 117, 118, 149, 150, 185, 187, 223, 228, 236, 294, 295, 303, 306, 310
고종 26, 32, 106, 194, 243, 280
고창향교 97, 292
공산성 144, 145
공자 50, 88, 94, 95, 97, 188, 198, 255
관음보살 128
광복절 42, 285
광주향교 76
광한루 110
교주 35, 78, 134, 254, 264
구려평양선인 21
구봉산 91
구월산 9, 13, 19, 21, 22, 24, 37, 59, 60, 62, 68, 165, 244, 255, 296, 302, 303
국당 259, 260-262
국민경모상 267
국보 26, 34, 117, 214, 287
국수주의 288
국조 단군 표준 성상 250
국조단군곡성숭모회 56, 57, 302
국조단군봉사회 288, 292

국조단군봉선제 64
국조단군성조부홍기념탑 64
국조단군한배검숭모비 110
국조숭모회 68, 76
국조전 8, 45, 48, 67-70, 121, 182-185, 190, 192, 201, 204, 213-216, 218, 219, 293, 308, 310
국조전창건기념비 68
국학운동시민연합 177, 284
국학원 284
국호 32, 133
궁사 30
권태훈 250
금척 106, 108, 305
금풍리 38, 60
기독교 39, 42-45, 98, 119, 202, 284, 301, 302, 307, 309
기미독립선언서 61
기자 21, 24, 25, 30, 33, 60, 64, 91, 92, 272, 295
기자신 20
김광영 128, 129, 130, 131, 291
김교헌 6, 9, 34, 36, 244, 249, 296, 299, 312, 315
김기석 39, 122, 170, 171, 291
김대중 284
김동윤 138, 139
김미희 39, 40, 268, 299, 300, 301, 314
김백룡 207, 208, 310
김부식 20, 296
김사달 170, 171
김상기 43
김석진 129
김성곤 39, 299
김연섬 261
김염백 34, 35, 101
김영례 141, 142
김영삼 316
김영일 154, 155
김용학 125, 291
김은호 255
김응현 144, 145, 263, 269, 270
김인배 232, 233, 293
김일부 129
김종래 266, 272, 273
김좌진 8, 315
김춘자 275, 292
김택영 87
김팔봉 40, 300
김현승 78, 79, 291

ㄴ

나에시로가와 27, 30
나창헌 138
나철 15, 22, 35-37, 118, 125, 126, 134, 223, 241-245, 247, 248, 249, 251, 252, 254, 291, 298, 299, 306, 311, 312
나철100주년기념관 245
남북통일 40, 130, 268
남지훈 157, 158, 159, 161, 292
노량해전 27
노무현 284, 306
노태우 284
녹동서원 255

ㄷ

다문화 57, 288
다물전 203, 204
단국 31, 298, 314
단군 어린이공원 257
단군 유골 117
단군 천왕 21
단군 할아버지 13, 40, 67, 70, 263
단군공원길 257
단군교 35-78, 86, 101, 118, 201, 229, 265, 244, 254,-256, 298, 299, 304, 310
단군교 본궁 256
단군교 총본부 255
단군굴 9, 19, 35, 101
단군궁 278
단군기원 33, 89, 309
단군단 55
단군대 11, 37
단군대황조 37, 243
단군동 26
단군동상 300, 323
단군릉 19, 26, 119, 178
단군묘 26, 178
단군묘시 26
단군민족주의 34, 298
단군바위 28
단군봉안회 138, 195, 196, 291, 292, 307
단군빌라 38, 256, 257
단군사 동명왕사 25
단군사당 24, 26, 35, 133, 142, 307
단군성 21
단군성묘 13, 48, 79, 98, 94, 95, 291
단군성묘봉축기성회찬조자방명기 94
단군성전개축기 94
단군성전보존회 97
단군성전선양회 110
단군성전신단비문 145
단군성조 영정각 창건사 139
단군성조봉성회 19, 210, 211, 291
단군성조봉향회 144, 145, 147, 293
단군성조숭모비 62, 64
단군성조영모회 62
단군소상 255, 265-267
단군숭령회 196
단군신전 42, 43, 75
단군영당유허비 60, 62
단군영모계 38
단군의 집 건립추진위원회 39
단군전 8, 13-15, 37-40, 45, 48, 50, 52, 53, 56-66, 68, 73, 75, 78, 79, 82, 85, 88, 90, 91, 92, 99, 120-126, 133, 136, 137, 138, 139, 157-159, 163, 164, 166-172, 179-181, 190, 197-199, 202, 210, 211, 214, 238, 253-257, 269, 287, 291, 292, 300-302, 306-308, 312
단군전 보본계 모임 56
단군전 중수기 139
단군전 창건기 139
단군전봉건회 255, 256
단군전봉찬기성회 79
단군전숭모회 64, 65
단군정맥 155, 307
단군제사법 34
단군호 26
단기사 64
단기사천삼백기념사업회 40

단목 20, 242
단민회 15, 213, 215, 216, 217, 292
단성전 13, 48, 68, 75, 76, 83-86, 88, 89, 253, 256, 310
단운사 91, 92
단웅 천왕 21
단인 천왕 21
단제 31, 157
단조홍성제 53, 56, 61, 62
대성산 20
대성전 89, 94, 95, 260
대웅전 14, 121, 128, 131, 152-155, 186, 261, 271, 293
대종교 지도자 추모비 248
대종교 총본사 242, 248
대천교 36
대한민국역사진단학회 285
대한제국 32, 33
대화궁 20
도공 10, 27, 28, 30
도미니크 모이시 45, 302
도봉산 15, 238, 240, 258,-260, 292, 312
도요토미 히데요시 27
독립국 32
독립기념관 122
독립선언일 282
독립수호비문 218
독립운동 5, 33, 265, 275, 282, 283, 299, 312
동봉 스님 180, 181
동재 99, 124, 231, 232
동학 32, 34, 35, 114, 303
등록문화재 50, 52, 56, 81

ㅁ

마고성 203, 308
마이산 13, 48, 105, 106-108, 203, 292
만우마을 231
만월 도전 183, 308
명량 13, 63, 64, 188
명량해전 13, 63, 64
명륜당 94
목엽산 31
몽골 33, 135
묘청 20, 296
묘향산 19, 34, 35, 86, 101
무궁화 57, 141, 168, 221, 229, 231
무등산 42, 43, 75
문경새재 180
문병란 69
문재인 285
문창서원 94, 95
미송리식 토기 18
민족관 40, 41, 42, 146, 284, 300, 301, 307
민족운동 38, 53
민족혼 43, 178
민주지산 13, 100, 102, 103

ㅂ

박근혜 284
박복겸 28
박성수 6, 297, 306
박은식 6, 9, 34, 315
박정희 39, 88, 284, 299, 315, 316
박제상 330, 308
박찬수 278, 279, 293
발해 31, 36, 106, 149, 195

배달공원 41
배달민족 13, 50, 93, 95, 119, 166, 316
배달성전 201, 203
배달전서 102, 305
백당 신태윤 기념관 52, 302
백두산 천지 130, 154, 207
백범 김구 283, 315
백봉 34, 35, 36, 118, 223, 235, 299
백운의문비 60
백의민족 251
법이산 210, 211
보본단 31
보성군 245, 312
봉황산 144, 145, 147, 264
부군당 72, 73
부루우 31
부소 31, 133
부여 14, 19, 23, 30, 31, 36, 120, 122, 129, 132, 133, 134, 135, 160, 195, 287, 291, 306
북애 30, 31, 118, 297
북한산 259
불광도원 183
불광선인 183, 184, 185
비서갑 31, 65, 314
비자나무 279, 280
비파형 동검 18

ㅅ

사대주의 4, 6, 24, 50, 88, 95
사명대사 188
사묘 2, 4, 8, 10-13, 15, 20, 26, 31, 34, 35, 37, 38, 42, 45, 50, 52, 72, 74, 75, 78, 88, 97, 101, 104, 107, 118, 119, 122, 146, 149, 153, 158, 175, 187, 189, 192, 195, 198, 221, 240, 242, 245, 248, 254, 268, 278, 285-291, 294, 297, 302
사전 25, 298
사직공원 43, 263, 313
사직기념관 267, 313
사직신상 265, 267, 313
산당 31
산신각 180, 186, 187, 261, 276
산신도 186, 204, 205
산왕단 31
삼성각 155, 181, 186, 187, 260
삼성당 21, 22, 296, 323
삼성사 9, 20-24, 38, 60, 62, 68, 201, 244, 296, 303
삼성전 23, 259
삼신묘 31
삼일운동기념탑 52
삼일학원 129
삼족오 184, 185
삼천리금수강산 60
삼청공원 40, 41, 146, 268, 284, 300, 301
삼청전 81
삼태극 103
상량식 130
상해 임시정부 54
서림공원 64
서산팔경 14, 137
서일 5, 6, 135, 223, 248, 249, 252
서재 79, 99, 114, 124, 231, 232
석가모니 128, 186, 234
선교 14, 45, 121, 182, 183, 184, 185, 186, 293

선도문화 천부경비 177
선의식 250, 280
선천 130
설단 100주년 기념비 52
성균관유도회 163
성당리 21
성산 97
성제사 31
성황단 31
세조 25, 26, 296
세종 25, 94, 296
소도 15, 200, 201, 227, 228
송성용 97, 98
송원홍 101, 292, 305
송호림 75, 292
송호수 6, 44
수두 36
수성사 13, 45, 48, 71, 72, 73, 293
숙종 26, 231, 297, 300
순교 39, 187, 245, 252, 309
순국선열추모비 15, 274, 276, 277
순명삼조 244
숭령전 14, 24, 25, 26, 121, 162, 163, 166, 167, 291, 296
숭모문 114
숭앙문 124, 25
숭인전 25
숭조문 62
숭천교 36
시조 단군 33
식민사학 9
신각균 55
신교 30, 34, 36, 186, 244
신규식 6, 135, 242, 312, 315
신단수 103, 228
신불사 13, 48, 100, 101, 102, 103, 104, 130, 292, 305
신사 참배 81
신상균 265, 266
신숭겸 52
신시 30, 102, 161, 184, 203, 232, 295, 303
신암 28
신위 24, 37, 61, 65, 79, 89, 91, 92, 98, 111, 145, 160, 161, 163, 176, 177, 199, 232, 272, 314
신채호 6, 34, 188, 296, 309, 311, 315
신태윤 13, 38, 51-57, 291, 302
신학우 84, 88, 89
신화 10, 40, 42, 118, 244, 295, 308
심상석 256
심수관 28, 297
심수관전세품박물관 28
십승지 124

ㅇ

아사달산 21
안국선원 246
안순환 38, 254, 255, 291
안재홍 34
안정복 118
안호상 6, 40, 86, 146, 212, 250, 300, 301, 307
안확 34
애국심 40, 57, 122, 187, 188, 189
애국지사 53, 54, 86, 133, 177, 302
애향심 57

야산 이달 306
양명마을 13, 48, 90, 91, 92, 292
양상화 84, 85
어래산 14, 39, 162, 163, 164, 165, 167
어천절 38, 53, 55, 56, 62, 66, 78, 79, 82, 92, 104, 118, 119, 126, 131, 136, 142, 155, 161, 168, 172, 177, 181, 208, 212, 217, 225, 229, 251, 265, 273, 276, 277, 279
에피소드 11, 13,-15, 117, 186, 234, 282
역사인식 295
영남루 194, 195
영대 8, 81, 82
영조 26, 194
오곡리 266
오기호 37, 243
오리알터 81
오정영 169, 150, 292, 307, 320
오창석 150
옥구향교 13, 48, 93, 94, 95, 292, 304
옥녀봉 14, 120, 137-139, 292
옥산궁 5, 10, 12, 24, 27-30, 297
옥산묘 27
옥산신사 27, 29
와우리 14, 38, 120, 123-126, 138, 139, 291
와우리 단군전 14, 38, 120, 123, 124, 126, 129, 138, 139
왕건 128
왕검교 36
왕후 13, 63, 65, 236, 268, 269, 314
요하문명 18, 295
우리얼찾기국민운동본부 284
웅녀 18, 103, 181, 185, 223, 225, 236
원미산 272
원방각 103, 133, 141, 142, 154, 159, 211, 221, 279, 280, 314
원용선 39, 163, 164, 166, 291
월출산 72
위성경로당 15, 190, 197-199
유관 21, 22
유정자 271, 272, 292
유학자 19, 24, 30, 163, 164
유희령 118
윤세복 6, 223, 249, 252, 299, 312, 315, 319
윤효정 86
은수사 13, 48, 105-108, 187, 292
은연수 85
은적산 14, 121, 122, 174, 175
을사늑약 33, 242
을사오적 242
의병 33, 254
이갑룡 203
이강오 6, 10, 126, 196, 211, 215, 259, 260, 299, 302, 303, 306-310, 312, 313, 320
이데올로기 45
이동녕 135, 283, 315
이명박 284
이민걸 126
이백임 141, 291
이범석 8
이상설 135
이상주 153, 293
이숙봉 263-266, 268, 269, 271, 291, 313
이순신 27, 64, 188
이승휴 5, 18, 19, 21, 23, 65
이시영 39, 78, 255, 315
이용태 6, 87

이은상 43, 300
이의백 30, 31
이정봉 263, 264, 291
이종철 38, 60, 61, 68, 291, 302, 303
이종헌 153
이종휘 30
이진탁 37, 38
이한철 263, 265
이항녕 263, 301, 302
이화당 84, 86, 87
이홍수 183-185, 260, 300, 313
이희수 264, 291, 131, 320
이희승 263, 267, 314
익산 천진전 13, 39, 48, 77, 78
익산단군성조봉성회 79
인왕산 238, 263
일연 5, 18, 19, 20, 117, 223
임마누엘 페스트라이쉬 289, 317
임오십현 249, 252
임원역 20
임진왜란 10, 27, 30, 94, 180

ㅈ

자결 244, 311
자고산 214, 216
자천대 94
작산 단군전 37, 52
장정마을 14, 132, 133, 135, 307
재세이화 58
전두환 44, 284, 301, 302
전병훈 86, 87, 304, 322
전홍인 259, 260, 261, 292, 312, 313
정법궁 130, 131, 306
정유재란 27
정인보 6, 9, 34, 118, 321
정척 24
정체성 45, 178
정훈모 35, 37, 38, 78, 243, 254, 255, 291, 304, 310, 311
제국주의 32
제전 25, 145
제천단 39, 280
제천의례 8, 19, 20, 22, 23, 37, 43, 244, 245, 251
제후국 24, 118
조국통일기원비 163, 165
조동종 259
조병호 157-161, 292, 307, 323
조상 20, 40, 44, 81, 88, 154, 165, 188, 250, 261, 269, 286, 288, 302, 316
조선개국단군성모비 39, 164, 167
조선국 28, 32, 145
조선사편수회 19, 295
조선시조단군 26
조선유교회 255
조선총독부 19, 60, 244, 303, 310
조용민 52, 56
조용승 15, 39, 213, 214, 216, 218, 219, 292
조천 22, 36, 251, 299
종교통제안 244
종통 244
주체성 13, 15, 50, 57, 88, 93, 95, 178, 193, 198, 263, 313
중광절 251
중광터 245, 247
중천굴 34

증산법종교 13, 48, 80, 81, 82, 291, 304
증평 단군전 14, 39, 121, 169, 170, 171, 172, 291, 308
지리산 37, 301, 204, 214
지성채 251
진도향교 48, 64, 65, 291, 303
진영봉안식 79
진종교 36

ㅊ ㅋ
참나도원 14, 121, 152, 153, 154, 155, 293
참성단 11, 19, 24, 165, 227, 280
창운각 14, 120, 127, 128, 129, 130, 131, 291, 306
채법선 91, 292
천관암 265, 266, 313
천궁 15, 142, 184, 238, 248-250, 291
천모전 185
천부보전 15, 45, 190, 193, 206-208
천서 34, 304
천신모상 223, 224
천자국 24
천진각 68
천진궁 8, 15, 38, 125, 190, 192-196, 198, 238, 258, 259, 291, 309
천진사 15, 187, 238, 258, 259, 261, 262, 292
천호 128
천화불교 187, 264, 271, 313
철도호텔 32
철마산 64
청동거울 18
청심등대세계평화탑 207, 310
최광수 104
최광익 62
최남선 6, 34, 60, 245
최동원 207, 293
최재형 271, 272, 292
최종린 185
최창규 69
최치원 94, 186
최학주 245
충남도문화재자료 134
치제 25
친일파 9, 243
키모즈키 30

ㅌ ㅍ
태고종 106, 271
태극기 57, 133, 155, 165, 168, 211, 275, 282
태극전 13, 48, 105-108, 292
태백산 19, 20, 82, 103, 165, 180, 192, 223, 226, 227-229, 235, 236, 242
태상전 120, 148, 149, 150, 151, 292
태천궁 15, 45, 190, 220-225, 293
태평전 13, 48, 80, 82, 291
통도사 187
파사현정 263
팔각정 39
팔성당 20
팩트 체크 11
평양 18, 20-22, 24, 25, 26, 28, 69, 75, 82, 117, 119, 157, 178
평양조선예술총국 69

ㅎ
하남호 64, 65

하야시 다이스케 19, 295
하종국 175, 177
한국기독교협의회 44
한국민족종교협의회 10, 297, 303, 304, 305, 308, 311
한국선도 187, 297, 298, 308
한명이 65
한별 87
한성사범학교 53
한얼님 244
한얼울늘집 15, 238, 277-281, 293
한영우 6, 289, 314, 317, 321
향림사 15, 187, 238, 270-273, 292
향토유적 14, 60, 61, 134, 169, 171
허길룡 68
허련 42
허목 30, 102
허백련 42, 43, 301
현몽 160, 260, 267
현정회 15, 45, 78, 119, 139, 145, 238, 262-270, 291, 299, 301, 302, 313, 314
현진건 35
홍만종 30
홍석창 267, 314
홍은단 248, 249
홍익인간 13, 40, 58, 73, 82, 88, 109, 111, 158, 166, 170, 185, 199, 203, 218, 225, 232, 288, 289, 303, 307, 309, 316, 317
홍익재 68, 177
화순국조숭모회 68
환검 신인 31
환구단 32, 280
환웅 14, 18, 21-23, 30, 85, 86, 102, 103, 104, 108, 156, 160, 161, 187, 196, 222, 223, 236, 268, 269, 278, 279, 280, 296, 297, 304, 311, 313, 314
환웅궁 278
환인 14, 21-23, 30, 35, 85, 86, 87, 156, 160, 161, 187, 222, 268, 278-280, 296, 297, 314
환인 환웅 단군 석상 360
환인궁 278
황제 32, 157, 161, 175, 280
황혜수 106, 107
후천 14, 127, 130, 224
홍천사 14, 121, 179, 180, 181, 187, 292, 308

기타

3.1절 42, 302
88서울올림픽 43
YMCA 44
「3·1 독립선언서」 282
『규원사화』 30, 297, 306
「2·8 독립선언서」 282
「단군기행」 10
「단군내력실기」 31
「단군성적순례」 9
「대한독립선언서」 282
「조연수묘지명」 20
「중광가」 245
『경향신문』 10, 110, 297, 300, 301, 302, 305, 310, 313, 314, 316
『계명』 87
『고기』 18, 19
『구당서』 20, 296
『난랑비서』 186

『녹동일기』 256
『단군교오대종지서』 118, 299
『단군교포명서』 36, 235, 229
『단군론』 34
『단조사고』 118
『대동고대사론』 34
『대종교신원경(大倧教神圓經)』 229
『대한매일신보』 33
『동국통감』 19
『동사』 30
『동사강목』 118
『동아일보』 9, 88, 235, 294, 300, 302, 304, 310, 311, 313, 315, 316
『배달조선 정사』 55
『본기』 18, 19
『부도지』 184, 308
『삼국명승도회』 28
『삼국유사』 18, 117, 223
『삼일신고(三一神誥)』 36, 55, 160, 161, 195, 208, 225, 229, 244, 254, 276, 299, 309, 310, 311
『서산시지』 124, 306, 307
『성경팔리』 254, 299, 310, 311
『수산집』 30, 318
『신단민사』 34
『신단실기』 34, 280, 296, 299, 314
『신당서』 20, 296
『신사기』 118
『신증동국여지승람』 19, 26
『오계일지집』 30, 306
『옥산궁 유래기』 28, 29
『위서』 18
『응제시주』 19
『익산시사』 78, 303
『정신철학통편』 87, 304
『제왕운기』 18, 21, 23, 65
『조선문명사』 34
『조선사』 19, 295
『조선사연구』 34, 118
『조선상고문화사』 34, 236, 311
『조선상고사』 34
『조선상고사감』 34
『천부경(天符經)』 86, 87, 130, 141, 155, 160, 178, 207, 208, 225, 229, 232, 254, 276, 303, 304, 311
『칠곡군지』 192, 214
『포명본교대지서』 244
『표제음주동국사략』 118
『해동이적』 30
『향토문화지』 256
『환단고기』 4, 108, 118, 236, 299, 305, 311, 314
〈몽금척도〉 108
〈일월오봉도〉 108